CAESAR MITIS

Schach

Leichtfaßliche Anleitung zur Erlernung des Schachspiels

OTTO MAIER VERLAG RAVENSBURG

21. Auflage

Printed in Germany 1975
ISBN 3-473-37334-6

Inhalt

Bedeutung und Herkunft des Schachspiels

Das Schachspiel ist unbestritten das edelste aller Spiele, nicht nur durch seine einheitliche Gestaltung, sondern namentlich durch die unendliche Mannigfaltigkeit seiner Züge und Wendungen und die ihm innewohnende Gedankentiefe. In diesem Spiele ist dem Glück oder Zufall nicht der geringste Einfluß eingeräumt. Die Hilfsmittel sind gleich verteilt, und einzig die Tüchtigkeit des Spielers entscheidet über Erfolg und Mißerfolg. Darum ist es auch ein vorzügliches Bildungsmittel des Geistes. Es schärft den Blick, gibt Geistesgegenwart und Selbstvertrauen und lehrt, wie auch in verzweifelter Lage zähe Ausdauer noch Hilfe bringen kann. Dank dieser Vorzüge hat es denn auch schon seit Jahrhunderten sich den Erdball erobert und überall seinen Einzug gehalten, wohin Bildung und Gesittung gedrungen sind. Wenngleich es nicht in erster Linie ein Spiel für das Kindesalter ist, so sollte man doch möglichst zeitig geweckte Kinder mit dem herrlichen Spiel bekannt machen, es wird ihre Entwicklung in unerwarteter Weise fördern und ihnen im Kindesalter wie im späteren Leben eine reiche Quelle des Genusses werden.

Über den Ursprung des Schachspiels ist nichts Näheres bekannt, doch steht so viel unzweifelhaft fest, daß es dem Orient entstammt. Schon der Name Schach (in orientalischen Sprachen = König) zeigt dies an. Auch die Schachsteine, die zwei feindliche Heere darstellen, weisen alle Typen und die Schlachtordnung der alten morgenländischen Heere auf. Der König in geschütztester Stellung inmitten seiner Scharen. Er bewegt sich langsam und würdevoll und greift nur im Notfall in den Gang des Spiels ein. Ihm zur Seite der Feldherr — in neuerer Zeit Dame oder Königin genannt — die mächstigste Figur auf dem Brette. Zu dieser beider Seiten zunächst die Läufer als Adjutanten, vielleicht auch als Wagenkämpfer (Sichelwagen) anzusehen, dann die Springer als Reiterei und auf den Flügeln die Türme. Diese stellen die Elefanten mit Türmen auf dem Rücken dar. In kunstvoll aus Elfenbein geschnitzten Schachspielen werden die Türme auch heute noch vielfach als Elefanten mit Türmen dargestellt. Im Vordertreffen stehen dann als große Menge des Fußvolks die acht Bauern.

An die Erfindung des Schachspiels knüpft sich folgende Sage: Der orientalische Herrscher, für den das Spiel erfunden worden war, fand so großen Gefallen daran, daß er es dem Erfinder freistellte, sich etwas zu wünschen, er solle seinen Wunsch erfüllt sehen. Dieser wünschte sich nun, es möchten ihm auf das erste Feld des Schachbrettes ein Weizenkorn, auf das zweite 2, auf das dritte 4, auf das vierte 8 usf., also auf jedes folgende Feld doppelt soviel Körner gelegt werden, als auf das vorhergehende. Der König war überrascht von der scheinbaren Bescheidenheit des Wunsches und sagte ihm Erfüllung zu. Aber es war ihm unmöglich, sein Wort zu halten, denn es ergab sich, daß dazu über 18 Billionen Scheffel Weizens gehörten, die sein großes Reich in Jahrtausenden nicht hätte hervorbringen können.

Ohne Zweifel ist das Alter des Schachspiels sehr hoch. Die ersten Spuren lassen sich im 8. und 9. Jahrhundert nachweisen. Heute ist es in der ganzen Kulturwelt verbreitet und besitzt schon seit Jahrhunderten eine wissenschaftlich gehaltene Literatur, so wie in neuerer Zeit auch Fachzeitungen in allen Kultursprachen.

Anleitung zum Spielen

Schachbrett und Steine

Schach wird von zwei Spielern (oder zwei Parteien) auf dem bekannten Schachbrett mit 8 ×8 = 64 abwechselnd hell und dunkel gefärbten Feldern gespielt. Um sich auch schriftlich verständlich machen zu können, bezeichnet man die Felder mit Buchstaben (a—h) und Zahlen (1—8) (siehe Fig. 2), so daß z. B. c 4 = das 4. Feld in der c-Reihe, e 6 = das 6. Feld in der e-Reihe usw. bezeichnet. Das äußerste rechte Feld in der unteren Ecke soll stets weiß sein.

Jeder Spieler hat 16 Steine zur Verfügung. Der eine erhält weiße (helle), der andere schwarze (dunkle) Steine. In jeder Farbe befinden sich 8 *Figuren** und *8 Bauern*. Die Figuren sind: ein *König*, eine *Dame* oder Königin, zwei *Läufer*, zwei *Springer* (Rössel) und zwei *Türme*. Sie pflegen in den käuflichen Schachspielen meist so auszusehen:

König Dame Läufer Springer Turm Bauer

Fig. 1

Die Aufstellung der Steine auf dem Brett zeigt Fig. 2. Dort ersehen wir auch, wie in schriftlicher Darstellung (im Druck) die

* Die Bezeichnung (Schach-) *Figuren* für alle Steine ist nicht richtig, obwohl vielfach angewandt. Der Bauer gilt also nicht als Figur.

Figuren bezeichnet zu werden pflegen: die Könige auf den Feldern e 1 und e 8, die Damen auf d 1 und d 8, die Läufer auf c 1, f 1, c 8 und f 8, die Springer auf b 1, g 1, b 8 und g 8, die Türme auf a 1, h 1, a 8 und h 8 (in den vier Ecken), der Rest sind die Bauern.

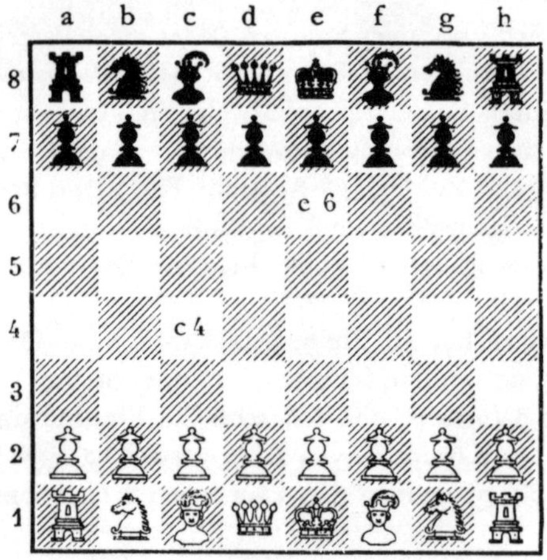

Fig. 2

Zu beachten ist dabei, daß die weiße Dame auf ein weißes, die schwarze auf ein schwarzes Feld zu stehen kommt. (Merkwort: Regina amat colorem — Die Königin liebt ihre Farbe.)

Gangart der Steine

Im folgenden sollen der Einfachheit wegen die den Bretträndern parallelen Richtungen von a 1 — h 1 und a 1 — a 8 usw. mit *gerade* bezeichnet werden.

Alle *Figuren* können *vorwärts und rückwärts* gehen.

Der Turm kann nur in gerader Richtung gehen und zwar soweit das Brett frei ist, also z. B. von f 6 nach h 6 oder e 6, a 6, f 4, f 1, f 8 usw.

Der Läufer kann nur schräg gehen, auch soweit das Feld frei ist, also z. B. von f 6 nach g 7, b 2, a 1, d 8, g 5 usw., oder von e 6 nach d 5 oder a 2, g 8, c 8, h 3. Er bleibt also immer auf der

Farbe, auf der er ursprünglich steht. Also von jeder Partei der eine immer auf Weiß, der andere immer auf Schwarz.

Die Dame kann gerade oder schräg gehen, nach allen Seiten also, soweit das Brett frei ist. Sie vereinigt die Gangart von Turm und Läufer in sich, also z. B. von f 6 nach f 7 oder f 8, f 4, f 1, b 6, c 3, a 1, h 8, d 8 usw.

Der König kann wie die Dame gerade und schräg gehen, aber *gravitätisch immer nur einen Schritt*, also z .B. von f 6 nach e 5 oder e 6, e 7, f 7, g 7, g 6, g 5 und f 5.

Der Springer (Rössel) hat eine eigentümliche Gangart. Er springt etwa in stumpfem Winkel über jedes mit der breiten Seite anstoßende Feld hinweg auf jedes an dieses schräg anstoßende Feld, das nicht auch an sein Standfeld stößt (Rösselsprung). Er beherrscht also z. B. von e 4 aus folgende Felder: d 2, f 2, c 3, g 3, c 5, g 5, d 6 und f 6. Ob die Felder, über die er hinwegspringt, z. B. d 3, e 3, f 3 usw., von feindlichen oder eigenen Steinen besetzt oder frei sind, ist gleichgültig. Bei der Stellung, die Fig. 3 zeigt, darf also z. B. der Springer auf f 8 nicht nur nach d 7, sondern auch nach e 6.

Die Bauern gehen im Gegensatz zu den Figuren *nur vorwärts* und zwar im allgemeinen immer nur einen Schritt in gerader Richtung. Von dem ursprünglichen Standort aus *dürfen* sie jedoch auch zwei Schritte machen, beispielsweise von e 2 sofort nach e 4, von f 7 nach f 5 rücken. Hat ein Bauer aber einmal seinen Platz verlassen, wenn auch nur mit einem Schritt (etwa e 2 — e 3), so rückt er fürderhin immer nur *einen* Schritt weiter.

Das Schlagen

Sperrt ein Stein des *eigenen* Heeres einer Figur den Weg, so darf sie höchstens bis unmittelbar vor diesen rücken. Nie dürfen auf einem Feld mehrere Steine stehen. Sperrt ein *feindlicher* Stein einer Figur den Weg, so *darf* sie sich auf dessen Platz setzen (nicht über ihn hinweghüpfen), ihn *schlagen*. Der feindliche Stein wird dann vom Brette entfernt. Zum Schlagen ist man aber *nicht* gezwungen. Auch Bauern dürfen schlagen, jedoch eigentümlicher

Weise nur solche Steine, die *schräg* unmittelbar vor ihnen stehen. Sie gehen also *gerade* und *schlagen schräg*. Nur der *König* darf nicht geschlagen werden° (er selbst darf aber schlagen). Zur Verdeutlichung diene Darstellung (Diagramm) Fig. 3.*)

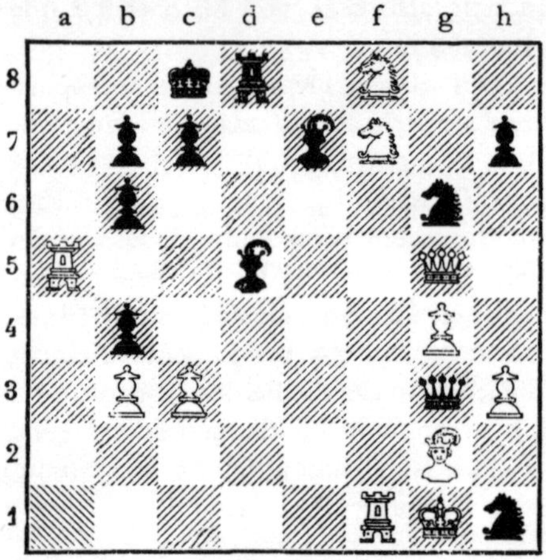

Fig. 3

Es könnte hier z. B. die weiße Dame g 5 den Springer g 6 oder den Läufer d 5 schlagen, nicht aber die schwarze Dame g 3, denn es steht der Bauer g 4 dazwischen. Ferner könnten schlagen: der Springer f 7 den Turm d 8, der Turm a 5 den Läufer d 5, der König g 1 den Springer h 1, der Läufer g 2 den Läufer d 5 und umgekehrt der Läufer d 5 den Läufer g 2, der Bauer b 6 den Turm a 5, der Bauer b 4 den Bauer c 3, der Bauer c 3 den Bauer b 4 (aber Bauer b 4 kann nicht Bauer b 3 schlagen oder umgekehrt, auch nicht Bauer b 4 den Turm a 5) u. a. m. Welche Steine kann die schwarze Dame schlagen?

Angreifen und Decken

Wenn ein Stein einen anderen im nächsten Zuge schlagen könnte, so sagt man, er *greift* ihn *an*. Es greift also (s. Figur 3) die

° oder besser gesagt: Der König darf sich nicht selbst dem Schach aussetzen.

*) Hier, wie bei allen übrigen Diagrammen, ist stets das Lager der Schwarzen oben, das der Weißen unten zu denken.

Dame g 5 den Springer g 6, den Läufer (e 7 usw. wie oben) an. Steht nun ein dritter Stein so, daß er den angreifenden, falls dieser den ersten Stein schlägt, wiederum schlagen kann, so *deckt* er den ersten Stein. Beispielsweise deckt der Bauer h 7 den Springer g 6, denn er kann die Dame, wenn sie den Springer schlägt, wiederum schlagen. Suche andere Deckungen auf!

Decken nennt man es auch, wenn man einen Stein zwischenschiebt; z. B. wenn Schwarz den Bauer b 6 bis b 5 schiebt, hat er den Läufer d 5 gegen den Turm a 5 gedeckt. Ein Stein kann natürlich mehrfach angegriffen und auch mehrfach gedeckt sein.

Wert der Steine

Beim Schlagen und Decken ist der Wert der Steine in Betracht zu ziehen. Der wertvollste, weil stärkste, Stein ist die Dame, dann folgen die Türme, dann die einander etwa gleichwertigen Läufer und Springer und endlich die Bauern. Der König kommt hier nicht in Betracht, da er nicht geschlagen werden darf. Es wäre daher verkehrt, wollte die Dame g 5 den Läufer e 7 schlagen, denn der Springer g 6 würde die Dame wiederschlagen; ebenso verkehrt wäre es, wenn Dame g 5 den Läufer e 5 schlagen wollte, denn es würde folgen: Turm d 8 nimmt Dame d 5, und wenn auch dann Turm a 5 den Turm d 5 wiedernimmt, so hat man mit Dame gegen Turm und Läufer noch immer einen schlechten Tausch gemacht. Indessen könnte ruhig Turm a 5 den Läufer d 5 schlagen, denn wollte Turm d 8 alsdann ihn nehmen, würde dieser von der Dame g 5 wiedergenommen werden.

Schachbieten und Mattsetzen

Da der König nicht geschlagen werden darf, so darf er auch kein Feld betreten, auf dem er geschlagen werden könnte, also z. B. in Fig. 3: der weiße König g 1 darf nicht die Felder f 2 und h 2 betreten, weil diese von der Dame g 3 beherrscht werden, und der schwarze König nicht das Feld d 7, weil dies von dem Springer f 8 beherrscht wird. Ist es dennoch geschehen, ohne daß die Spieler es bemerkt haben, so muß dieser Zug und alle Züge, die nach ihm auf beiden Seiten gemacht worden sind, zurückgenommen werden. Weiß man die Züge nicht mehr, so ist die Partie ungültig.

Wenn ein Stein den gegnerischen König angreift, also eine solche Stellung einnimmt, daß er ihn im nächsten Zuge schlagen *könnte*, so *muß* der angreifende Spieler den Gegner auf diese Gefahr aufmerksam machen, indem er diesem „Schach!" zuruft. Der Angegriffene ist dann verpflichtet, seinen König zu schützen, das *Schach* zu *decken*, indem er je nach Möglichkeit entweder den angreifenden Stein schlägt, oder einen seiner eigenen Steine schützend dazwischen zieht, oder seinen König auf ein gesichertes Feld rückt. Doch darf dies letztere nicht durch Rochade (s. S. 14) geschehen. Kann der König auf keine Weise mehr geschützt werden, so ist er „matt" oder „schachmatt" und die Partie zu Ende und für den matten König verloren.

(Versieh dein Brett am Rande mit Buchstaben und Zahlen und stelle die Figuren auf, wie Fig. 3 zeigt.)

Wenn hier der Führer der schwarzen Steine, meistens kurz der Schwarze oder Schwarz genannt, z. B. mit seiner Dame g 3 nach e 3 geht, so *bietet* er *Schach*. Weiß kann sich gegen diesen Angriff auf dreierlei Weise decken,

1. indem er mit seiner Dame g 5 die Dame e 3 schlägt, oder
2. indem er seinen Turm f 1 nach f 2 zwischen die angreifende Figur und den König zieht, oder
3. indem er seinen König von g 1 nach h 2 zieht;

er kann die Art wählen, die ihm am vorteilhaftesten erscheint.

Schwarz könnte aber auch mit seiner Dame statt nach e 3 zu gehen den Läufer g 2 schlagen und so Schach bieten, und dann gibt es für Weiß keine Hilfe mehr, er ist *matt*. Sehen wir weiter zu. Es ist kein Stein auf dem Brett in solcher Stellung, daß er die angreifende schwarze Dame schlagen könnte, außer dem weißen König, der aber darf es nicht, denn die Dame ist durch den Läufer d 5 gedeckt. Auch das zweite Mittel „Dazwischenziehen" ist nicht anwendbar. Und das dritte? Das Feld f 1 ist vom eigenen Turm eingenommen, die Felder f2 und h2 sind von der Dame beherrscht und Springer h 1 darf jetzt nicht geschlagen werden, denn nun deckt ihn die Dame. Der König kann sich also vor dem Geschlagenwerden nicht mehr retten, er ist matt, das Spiel für Weiß verloren.

Das Patt

Wenn ein Spieler am Zuge und gezwungen ist, mit seinem König, der nicht im Schach steht, zu ziehen, weil er entweder keine anderen Steine mehr hat, oder weil diese nicht gezogen werden können, wenn dabei der König aber auch nicht oder nur auf Felder ziehen kann, auf denen er ins Schach kommen würde, so ist er *patt* und das Spiel unentschieden oder *remis*. Wenn z. B. in der Stellung, wie sie Fig. 4 zeigt, Schwarz am Zuge ist, ist er patt. Der Bauer b 7 kann nicht ziehen, und Springer a 5 und Läufer e 8 dürfen nicht gezogen werden, weil sonst der König ins Schach käme (vom Turm a 4 oder von der Dame h 8 aus), und der König kann auch nicht ziehen, ohne in Schach zu kommen.

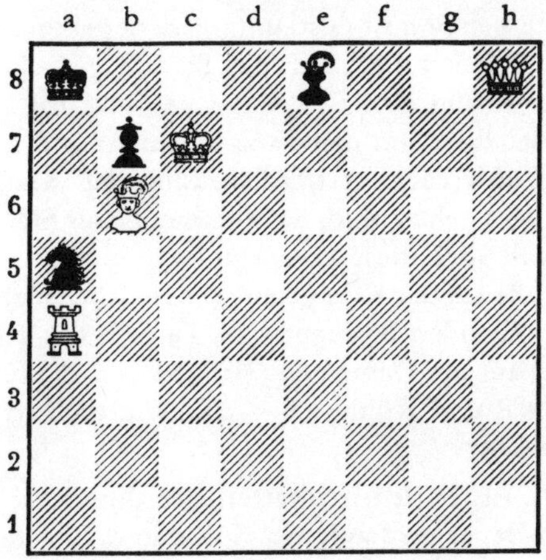

Fig. 4

Remis sind ferner alle Partien, wo die beiden Gegner so geschwächt sind, daß die übriggebliebenen Streitkräfte nicht mehr ausreichen, um ein Matt herbeizuführen, so z. B., wenn nur noch die beiden Könige auf dem Brett sind. (Siehe Endspiele.) Desgleichen ist ein Spiel remis, wenn die beiden Spieler mindestens dreimal hintereinander dieselbe Folge von Zügen gemacht haben, und keiner anders ziehen will. Dahin gehört auch das „ewige Schach“. (Siehe Meisterpartien, 9. Partie.)

Die Rochade

Die Rochade hat ihren Namen von der alten Bezeichnung Roche für Turm. Sie wird folgendermaßen ausgeführt: Man rückt den König um zwei Schritt nach dem Turm hin, mit dem man rochieren will, und stellt dann den Turm auf die andere Seite des Königs dicht neben ihn. Das alles zählt nur als *ein* Zug. Die Rochade darf aber nur unter folgenden Bedingungen stattfinden:

1. Der König, sowie der Turm, mit dem rochiert werden soll, dürfen noch nicht gezogen haben.
2. Zwischen dem König und diesem Turm darf kein Stein stehen.
3. Die Rochade darf *nicht* ausgeführt werden, wenn dem König soeben Schach geboten ist (also um ihn dem gebotenen Schach zu entziehen), wohl aber, nachdem das Schach gedeckt worden ist, ohne daß der König eine Bewegung gemacht hat (vgl. 1.). (Sie darf auch geschehen, um den *Turm* einem Angriff zu entziehen.)
4. Es darf *nicht* rochiert werden, wenn der *König* dabei über oder auf ein Feld gehen muß, das ein feindlicher Stein beherrscht. Den Turm trifft auch diese Einschränkung nicht.

Die Rochade auf der Königsseite (kurze Rochade) besteht z. B. für Weiß in folgenden Bewegungen: Turm h 1 — f 1 und König e 1 — g 1, die auf der Damenseite (lange Rochade) für Schwarz in Turm a 8 — d 8 und König e 8 — c 8. Wie rochiert Weiß lang? Wie Schwarz kurz?

Eigentümlichkeiten der Bauern

Wenn ein Bauer im Laufe des Spiels in die letzte (8. bzw. 1.) Reihe der feindlichen Stellung vorrückt, so wird er in einen Offizier verwandelt. In welchen, das hat der Führer der betreffenden Farbe zu bestimmen, zu der der Bauer gehört. Da die Dame der stärkste Offizier ist, wird meistens die Dame gewählt. Dies kann auch geschehen, wenn die Dame der entsprechenden Farbe noch auf dem Brette ist. König darf der Bauer natürlich nicht werden.

Eine weitere Eigentümlichkeit des Bauern ist das „*Schlagen en passant*“ (im Vorübergehen). Wenn nämlich ein Bauer von seinem ursprünglichen Standfeld zwei Schritte macht (vgl. S. 9) und dabei ein Feld passiert, auf dem er von einem feindlichen *Bauern* geschlagen werden könnte, so darf dieser feindliche Bauer im *unmittelbar darauf* folgenden Zuge auf dieses Feld rücken. Der erstgenannte Bauer wird dann als geschlagen vom Brett entfernt. Ein Beispiel: Weiß spielt f 2 — f 4, während auf e 4 ein schwarzer Bauer steht, dann darf Schwarz sofort mit e 4 — f 3 erwidern und den weißen Bauern von f 4 entfernen.

Allgemeine Spielregeln

Vor Beginn des Spiels wird gelost, welcher der Spieler anziehen (beginnen soll). Es ist allgemein üblich, daß der Anziehende mit den weißen Steinen spielt. In den folgenden Partien wird mit der Farbe gewechselt.

Die beiden Spieler ziehen abwechselnd immer nur *einen* Stein (außer bei der Rochade, s. S. 14).

Ein berührter Stein muß gezogen werden. Pièce touchée, pièce jouée (Berührt, geführt) lautet die unerbittliche Regel, an deren strenge Beachtung man sich von vornherein gewöhnen muß, wenn man nicht dauernd ein Stümper bleiben und zahllose Streitigkeiten haben will. Hat man einen Stein des Gegners berührt um ihn zu schlagen, muß man ihn auch schlagen. Hat man einen Zug gemacht, der nach den Regeln des Spiels nicht gemacht werden kann, so darf der Gegner verlangen, daß man statt dessen zur Strafe einen Zug mit dem König mache oder, daß der falsche Zug Geltung habe.

Einige gebräuchliche Kunstausdrücke

Abtauschen s. S. 19 Bemerkung zum 8. Zug.

Abzugsschach oder *aufgedecktes Schach* entsteht, wenn durch die Bewegung eines feindlichen Steins einem andern feindlichen Steine eine Angriffslinie auf den König eröffnet und so Schach geboten wird. Es ist deshalb gefährlicher als ein anderes Schach, weil der weggezogene feindliche Stein oft gleichzeitig mit Vorteil eine andere Figur angreifen kann. Da nun der Angegriffene in erster Linie das Schach decken muß, geht oft diese verloren. (Vgl. S. 18, Anm. z. 4. Zuge.)

Blindes Matt ist erfolgt, wenn der Schachbietende nicht gemerkt hat, daß durch das Schach zugleich Matt erreicht ist. Auch ein blindes Matt *gewinnt* die Partie, ist aber weniger ehrenvoll.

Dame. Zur Dame geht ein Bauer, der nach dem *Verwandlungsfelde* (vgl. S. 14) vorrückt.

Doppelschach. Bietet beim Abzugsschach (s. o.) der wegziehende Stein gleichfalls Schach, so entsteht *Doppelschach*, das nur durch einen Königszug zu decken ist.

Ersticktes Matt nennt man eine Mattstellung, bei der der König von eigenen Steinen eingeschlossen ist. Es kann natürlich nur durch einen Springer gegeben werden.

Fesseln s. S. 23 Bemerkung zum 10. Zug.

Freibauer heißt ein Bauer, der auf dem Weg zur Dame (s. o.) von keinem feindlichen Bauer aufgehalten oder geschlagen werden kann.

Gabel nennt man die Stellung, in der ein Bauer zwei Figuren zugleich angreift, wodurch oft eine davon verloren geht.

Leichte Figuren (*leichte Offiziere*) heißen auch Springer und Läufer.

Opfer ist das freiwillige Preisgeben eines Steins, wofür man keinen oder doch keinen gleichwertigen wiedererhält.

Opposition s. S. 52 (Turm).

Qualität. Man gewinnt die Qualität, wenn man für eine leichte Figur (s. o.) einen Turm erobert, umgekehrt verliert man sie.

Tempo. Man gewinnt ein Tempo, wenn der Gegner einen Zug macht oder machen muß, der die Entwicklung seines Spiels nicht fördert.

Zugzwang und *Zwangzug* s. S. 53.

Übungspartien

Nachdem wir die Spielregeln und den Gang der verschiedenen Steine kennen gelernt haben, wollen wir uns dem praktischen Spiel zuwenden und an diesem die Anwendung der vorgetragenen Regeln zeigen und alles Gesagte durch Beispiele noch mehr verdeutlichen. Zug um Zug soll zunächst von ausführlichen Erläuterungen und Hinweisen auf die gegebenen Regeln begleitet sein. Der Anfänger wird gut tun, die nachfolgenden Partien *wiederholt und aufmerksam* durchzuspielen und die Erläuterungen mit Aufmerksamkeit zu lesen; so wird er am schnellsten in den Geist des Spiels eindringen und selber Pläne schmieden und fremde Absichten erkennen lernen. Es kommt beim Schachspiel nicht auf Schnelligkeit, sondern auf *reifliche Überlegung* an. Man muß sich nicht bloß bei jedem eigenen Zuge fragen: „Was will ich damit erreichen?“ sondern man muß bei jedem Zuge des Gegners nach dessen Absichten forschen, auch muß man sich stets klar zu machen suchen, was der Gegner wohl auf den Zug, den man selbst zu machen beabsichtigt, erwidern kann. Nur wenn man so zu spielen sich gewöhnt, wird man es über Stümperhaftigkeit hinausbringen. Diese Berechnungen können (und werden es, namentlich im Anfang) sich als irrig erweisen; aber das schadet nichts. Ein überlegtes Spiel allein bietet den hohen geistigen Genuß und Nutzen, der dem Schachspiel innewohnt, und nur ein überlegtes Spiel kann zu einem wirklich überlegenen Spiel werden.

Nun die Figuren aufgesetzt, wie Fig. 2 zeigt. Man achte dabei darauf, daß das Brett richtig liegt, zur Rechten ein weißes Feld. Die weißen Steine auf Reihe 1 und 2, die schwarzen auf 8 und 7. Es wird abwechselnd gezogen, Weiß beginnt.

Erklärung der Abkürzungen

K = König	× = schlägt
D = Dame	+ = Schach

L = Läufer
S = Springer
T = Turm
+ + = Doppelschach
0—0 = Kurze Rochade
0—0—0 = Lange Rochade

Für die Bauern ist kein Zeichen gebraucht. Es heißt also unten: e 2—e 4 = der Bauer auf e 2 ist nach e 4 zu ziehen. S g 1—f 3 = der Springer auf g 1 ist nach f 3 zu ziehen. e 5 × d 4 = der Bauer auf e 5 schlägt den auf d 4 befindlichen Stein (Bauer in diesem Fall).

Erstes Spiel

Weiß* 1. e 2—e 4 | 1. e 7—e 5 Schwarz*

Von ihrem ursprünglichen Felde aus dürfen die Bauern je zwei Schritt weit gehen.

Hiermit ist beiderseits zwei Offizieren, der Dame und einem Läufer, Ausgang verschafft worden. Die beiden Bauern können einander nichts anhaben, denn sie schlagen ja nur schräg. Sie können auch zunächst keine weitere Bewegung machen, denn sie gehen nur geradeaus.

2. S g 1—f 3 | 2. S b 8—c 6

Der weiße Königsspringer — so genannt, weil er auf der Königsseite, dem Königsflügel, steht, im Gegensatz zum andern, dem Damenspringer — hat den Bauer e 5 angegriffen. Schwarz muß diesen nun decken. Das kann nicht bloß wie hier durch den Damenspringer, sondern auch noch durch verschiedene andre Züge geschehen. Suche diese Züge zu finden! Es sind: L f 8—d 6, D d 8—e 7, D d 8—f 6, d 7—d 6, f 7—f 6 und mehrere indirekte Verteidigungen, d. h. Gegenangriffe (s. Königsspringerspiele). Diese Züge sind natürlich nicht alle gleich gut. Der hier gewählte ist indessen der beste und beliebteste.

3. L f 1—c 4 | 3. L f 8—c 5

Damit ist beiderseits wiederum eine Figur ins Spiel gebracht (entwickelt), die ihre Angriffe je auf den schwächsten Punkt der gegnerischen Stellung richten. Warum sind die Bauern f 2 und f 7 die schwächsten Punkte? — Sie werden nur vom König allein gedeckt. — Welche Deckung haben die übrigen Bauern?

4. c 2 — c 3

Weiß beabsichtigt im nächsten Zuge d 2 — d 4 zu spielen und sorgt zunächst durch diesen Zug dafür, daß der Bauer, der auf d 4 sogleich mit dreifachem Angriff (durch Bauer e 5, L c 5 und S c 6) empfangen

* Auch im folgenden stehen stets links die Züge der Weißen, rechts die der Schwarzen, die Angabe bleibt weg.

wird, auch dreifache Deckung hat (durch Bauer c 3, S f 3 und D d 1). Es ist von *allergrößter Wichtigkeit*, daß man stets dafür sorgt, daß jeder Stein *hinreichende Deckung* hat.

4. S g 8 — f 6

Schwarz entwickelt eine neue Figur, die sogleich den Bauer e 4 angreift.

5. d 2 — d 4

Macht Weiß da nicht einen Fehler, indem er vergißt, den Bauer e 4 zu decken? O nein, der Gegenangriff, der in dem Zuge d 2 — d 4 liegt, ist hier, wie oftmals, eine gute Verteidigung. Wollte Schwarz den Bauer e 4 nehmen, so könnte Weiß nicht bloß mit d 4 × e 5 einen Bauer wiedergewinnen, was ja genügen würde, sondern er würde d 4 × c 5 antworten und einen Läufer statt des Bauern gewinnen.

5. e 5 × d 4

6. c 3 × d 4 — 6. L c 5 — b 4 +

Wenn Schwarz fortfahren wollte zu nehmen, würde er zwei Figuren einbüßen gegen eine Figur und einen Bauer. Darum verläßt lieber der angegriffene Läufer den Platz. Das gebotene Schach ist für Weiß ungefährlich.

7. L c 1 — d 2

Durch welche anderen Züge konnte Weiß noch das Schach decken? Durch S b 1 — c 3, der ebensogut war; durch S b 1 — d 2, der etwas schlechter war, weil dadurch L c 1 eingesperrt wurde; noch schlechter durch S f 3 — d 2, weil dadurch 1. versäumt worden wäre, eine neue Figur ins Spiel zu bringen, 2. der Läufer auch eingesperrt worden wäre, 3. der Bauer d 4 seine Deckung verloren hätte und eine Beute für Springer c 6 geworden wäre. Ebenfalls sehr schlecht wäre K e 1 — f 1 oder gar e 2, weil dadurch die Möglichkeit der Rochade verloren worden wäre (s. S. 14); ganz unsinnig wäre D d 1 — d 2, denn dadurch ginge die Dame verloren, die der Läufer b 4 sofort nähme. Der gewählte Zug ist also der beste. Er hat auch noch den Vorzug, daß damit zugleich ein Gegenangriff auf den angreifenden Läufer verbunden ist.

7. L b 4 × d 2 +

8. S b 1 × d 2

Welche andern Steine konnten den Läufer sonst noch wiedernehmen? Wenn, wie hier, ein Stein einen *gleichwertigen* schlägt und vom Gegner wiedergeschlagen wird, so heißt das *abtauschen*.

8. d 7 — d 5

9. e 4 × d 5 9. S f 6 × d 5

10. D d 1 — b 3

Der Springer d 5 ist nun zweimal bedroht und nur einmal (durch die eigene Dame) gedeckt. Er muß also nochmals gedeckt werden oder wegziehen.

10. S d 5 — e 7

Ein Fehler! — Warum? Muß man denn immer eine Stellung behaupten? Und wenn Schwarz den Springer durch L c 8 — e 6 deckte, verlor dann nicht der Bauer b 7 die Deckung und konnte von der Dame b 3 genommen werden? — Freilich, aber Schwarz mußte mit S c 6 — e 7 decken. — Mir scheint, daß dann Schach folgte durch L c 4 — b 5 oder D b 3 — a 4. — Diese Schachs waren ungefährlich und leicht zurückgewiesen durch c 7 — c 6. Jetzt wird aber ein unangenehmeres Schach folgen. Weißt du schon welches?

11. L c 4 × f 7 +

Sieh zu, welche der drei (Seite 12) angegebenen Mittel sich hier zur Abwehr anwenden lassen und suche das beste aus. Die Wahl wird leicht sein. Es gibt nur eine Möglichkeit. Der König muß ziehen! Aber wohin? Es sind ja nur zwei Felder da.

11. K e 8 — f 8

Ein Glück! Wenn der König nach d 7 ging, folgte sofort D b 3 — e 6 + und *matt*! Sieh zu, ob's stimmt.

Also so schnell kann es zu Ende gehen. Darum größte Vorsicht! Aber auf f 8 ist der König doch noch sicher?

12. S f 3 — g 5 12. D d 8 × d 4

Weiß hat den Bauer aufgegeben, um den Springer zur Verstärkung seines Angriffs zu verwenden. Schwarz hätte hier besser getan, auf seine Verteidigung bedacht zu sein, statt auf „Bauernjagd" auszugehen. — Steht es denn schon so schlimm mit ihm? — Allerdings, nach diesem Zuge. Schwarz hätte besser getan, durch S c 6 — a 5 dem Läufer die Deckung der Dame zu rauben. Sie mußte dann die schräge Linie hinter dem Läufer verlassen. — Aber dann ging sie nach f 3 und es drohte Abzugsschach durch L f 7 — h 5. — Dem wurde vorgebeugt, indem auf den Damenzug erwidert wurde S e 7 — f 5 und dann mußte Weiß auch noch seinen Springer g 5 gegen die Dame d 8 decken.

13. T a 1 — d 1

Nicht, um den Springer zu decken; denn der hat ja Deckung durch den König. Der Turm soll nach Wegzug des Springers nötigenfalls nach d 8 gehen.

13. D d 4 — e 5 +

14. S d 2 — e 4 | 14. h 7 — h 6

Ein erfolgloser Versuch, den Springer zu verdrängen.

15. L f 7 — g 6 (s. Fig. 5)

Stellung nach dem 15. Zug der Weißen

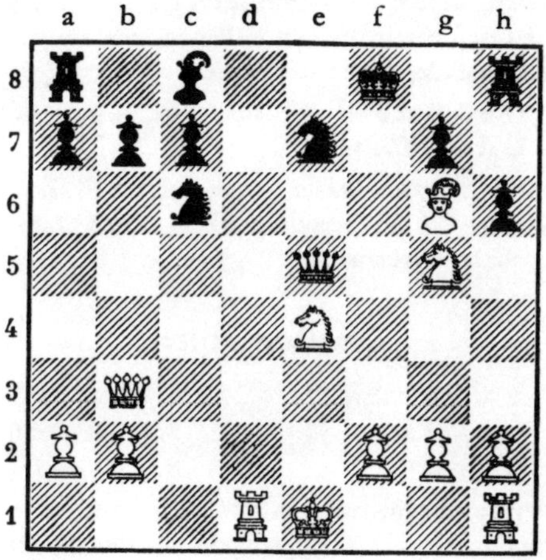

Fig. 5

Was würde geschehen, wenn Schwarz nun den Springer g 5 oder den Läufer g 6 schlüge? — Er würde matt gesetzt. — Wie! — Durch D b 3 — f 7 +. Wie ist dies drohende Matt abzuwenden? Da der König nicht ziehen kann, nur dadurch, daß das Feld f 7 gedeckt wird, entweder indem man einen Stein so stellt, daß er nach f 7 schlagen kann, oder indem man einen Stein zwischen die Dame b 3 und das Feld f 7 rückt. Ist das erste möglich? Ja, durch S c 6 — d 8; aber es hilft nicht, denn es folgt T d 1 × d 8 + und matt. Ist das zweite möglich? Sogar dreimal durch D e 5 — d 5, S e 7 — d 5 und L c 8 — e 6. (Veranschauliche dir stets die angegebenen Züge auf dem Brett.)

	15. L c 8 — e 6
16. S g 5 × e 6 +	16. K f 8 — g 8

Schwarz hat keinen andern Zug.

17. S e 6 × c 7 + (Abz.-+)	17. S e 7 — d 5

Auf K g 8 — f 8 folgt sofort D b 3 — f 7 + matt.

18. T d 1 × d 5	18. D e 5 × d 5

Mußte die Dame denn nehmen? Ja, es drohte T d 5 — e 8 mit Matt durch Doppelschach des Turmes und der Dame. Dieser Zug war nur zu verhindern, indem die Dame nach e 8 oder g 6 ging oder den Turm schlug. In den ersten beiden Fällen würde sie genommen ohne Entgelt, folglich war das letzte das beste.

19. D b 3 × d 5 +	19. K g 8 — f 8
20. D d 5 — f 7 + matt.	

Vielleicht hätte Schwarz besser getan, sich im 16. Zuge durch D e 5 — d 5 oder S e 7 — d 5 zu verteidigen? — Auch dann war Matt in wenigen Zügen nicht zu vermeiden.

Zweites Spiel

1. e 2 — e 4	1. e 7 — e 5
2. S g 1 — f 3	2. S b 8 — c 6
3. L f 1 — c 4	3. S g 8 — f 6

Weiß hat wieder den schwachen Punkt f 7 angegriffen und Schwarz antwortet darauf mit einem Gegenangriff auf den Bauer e 4.

4. S f 3 — g 5

Damit wird e 4 gedeckt und gleichzeitig f 7 zum zweiten Male angegriffen. Weiß könnte nun mit dem Springer den Bauer f 7 schlagen, dann wären Dame und Turm zugleich angegriffen, und der Turm ginge verloren. Der König dürfte den Springer nicht nehmen, da dieser durch den Läufer gedeckt ist. Solche Springerangriffe merke man sich. Es ist häufig Gelegenheit dazu.

	4. d 7 — d 5 (am besten)
5. e 4 × d 5	5. S c 6 — a 5 (am besten)

Schwarz sucht durch Aufgeben des Bauern den Angriff in die Hand zu bekommen. Ungünstig für Schwarz wäre der verlockend aussehende Zug S f 6 × d 5. Siehe A (am Schlusse des zweiten Spiels).

Stellung nach dem 17. Zug der Schwarzen

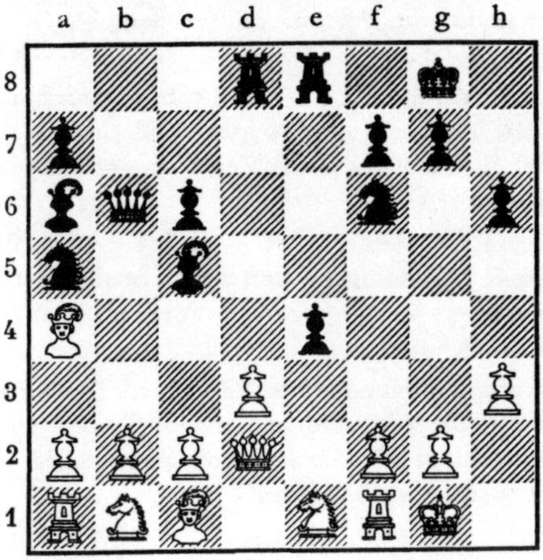

Fig. 6

6. L c 4 — b 5 +	6. c 7 — c 6
7. d 5 × c 6	7. b 7 × c 6
8. L b 5 — a 4	8. h 7 — h6
9. S g 5 — f 3	9. e 5 — e 4
10. D d 1 — e 2	

Der Bauer darf nun den Springer nicht schlagen, weil sonst der König in Schach käme. Man sagt, der Bauer ist *gefesselt*. Merke dir dies oft anwendbare Verfahren wohl. (Vgl. 3. Spiel 4. Zug und 4. Spiel 7. Zug.) 10. L f 8 — c 5

Schwarz bereitet 0—0 vor, um den Bauer e 4 zu entfesseln. Weiß sieht das voraus und rochiert gleichfalls, um dem Springer f 3 das Feld e 1 für den Rückzug frei zu machen und den König gegen die drohenden Angriffe in größere Sicherheit zu bringen.

11. 0 — 0	11. 0 — 0
12. S f 3 — e 1	12. L c 8 — g 4
13. D e 2 — a 6. Die Dame hat nur das eine Feld frei.	
	13. L g 4 — c 8
14. D a 6 — e 2	14. D d 8 — b 6

Um der weißen Dame auch a 6 zu versperren. Weiß läßt aber den Läufer nicht mehr nach g 4 zurück, er spielt:

15. h 2 — h 3	15. L c 8 — a 6

Der Läufer greift nun von der andern Seite an.

16. d 2 — d 3	16. T f 8 — e 8

Wenn Schwarz demnächst e 4 × d 3 spielte, würde gleichzeitig die Dame durch den Turm angegriffen; während sie sich diesem Angriff entziehen müßte, behielte der Bauer Zeit zu weiterem schädlichen Vordringen. Deshalb:

17. D e 2 — d 2	17. T a 8 — d 8 (s. Fig. 6)

Schwarz greift nachhaltig an und versucht die Dame zu erobern.

18. c 2 — c 4	18. e 4 × d 3
19. S b 1 — a 3	

Diese Deckung des Bauers c 4 ist ganz wertlos, da er zweimal durch dem Springer gleichwertige Figuren angegriffen ist. Er mußte durch einen Bauer, also durch b 2 — b 3 gedeckt werden. Bei dem folgenden Abtausch büßt Weiß einen Bauer ein.

	19. S a 5 × c 4
20. S a 3 × c 4	20. L a 6 × c 4
21. b 2 — b 3	21. L c 4 — a 6
22. L c 1 — b 2	22. S f 6 — e 4

Ein neuer Angriff auf f 2. Dieser Punkt ist jetzt dreimal (durch Dame, Läufer und Springer) angegriffen. Die gleichfalls vom Springer angegriffene Dame muß daher wieder auf einen Platz, wo sie f 2 weiter deckt.

23. D d 2 — f 4	23. d 3 — d 2

Entscheidend! Sauve, qui peut!

24. S e 1 — c 2	

Nach f 3 darf der Springer nicht, weil er dort dem Bauer f 2 die Deckung der Dame entzieht.

	24. L a 6 × f 1

War nicht zu vermeiden.

25. K g 1 × f 1. Auch T a 1 × f 1 hilft nicht.	
	25. d 2 — d 1 wird Dame + (s. S. 14)
26. T a 1 × d 1	26. T d 8 × d 1 +
27. K f 1 — e 2	27. S e 4 × f 2 + (Abzugs- +)
28. K e 2 — f 3	

Wenn Weiß das Schach mit L b 2 — e 5 deckte, würde Schwarz den Angriff mit D b 6 — a 6 + wirksam fortsetzen.

28. T d 1 — d 3 +

29. S c 2 — e 3 Damit ist nur ein geringer Aufschub erreicht.

29. T e 8 × e 3 +

30. K f 3 × f 2 — 30. T e 3 × h 3 + (Abzugs-+)

31. K f 2 — f 1 — 31. T h 3 — h 1 +

32. K f 1 — e 2 — 32. D b 6 — a 6

33. D f 4 — g 4

Weiß droht damit Matt durch D g 4 × g 7. Er kommt aber nicht dazu. Schwarz könnte auch leicht vorbeugen durch g 7 — g 6.

33. T d 3 — e 3 ++

34. K e 2 — d 2 — 34. D a 6 — d 3 + matt

Wäre der König nach f 2 gegangen, hätte die Dame auf f 1 mattgesetzt.

A.

5. S f 6 × d 5

6. S g 5 × f 7 Ein Figurenopfer im Interesse starken Angriffs.

6. K e 8 × f 7

7. D d 1 — f 3 +

Entweder muß Schwarz nun den zum zweiten Mal angegriffenen Springer d 5 aufgeben, womit Weiß die verlorene Figur zurückgewinnt, oder den König zur Deckung des Springers nach e 6 führen, wo er, mitten auf dem Brett, starkem Angriff ausgesetzt ist.

Drittes Spiel

1. e 2 — e 4 — 1. e 7 — e 5

2. S g 1 — f 3 — 2. d 7 — d 5

3. e 4 × d 5 (am besten) — 3. e 5 — e 4

Besser als D d 8 × d 5.

4. D d 1 — e 2 — 4. D d 8 — e 7

Der Bauer e 4 war gefesselt. (Vgl. 2. Spiel 10. Zug.) Hätte die schwarze Dame den Bauer e 5 geschlagen, so würde Weiß mit S b 1—c 3 Dame und Bauer e 4 zugleich angegriffen und so den Bauer zurückerobert haben. Nachdem die Dame sich vor den König gestellt hat, ist der Bauer e 4 nicht mehr gefesselt und der Springer muß ziehen.

5. S f 3 — d 4 | 5. S g 8 — f 6
6. S b 1 — c 3 | 6. D e 7 — e 5

Ein Kampf um den Bauer d 5.

7. S d 4 — f 3

Wenn der Bauer den Springer nimmt, nimmt die weiße Dame die schwarze.

Stellung nach dem 9. Zug der Schwarzen

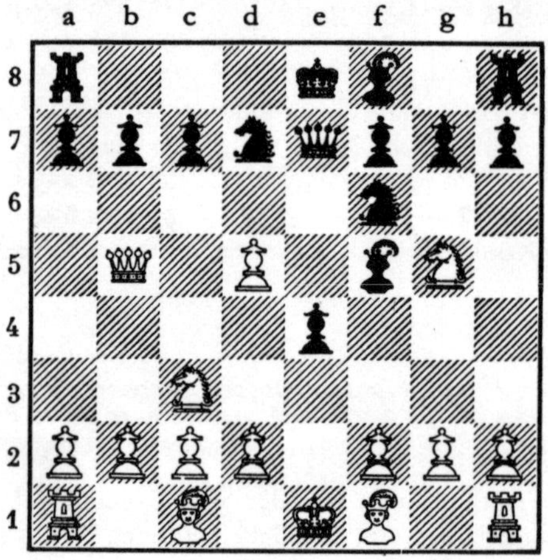

Fig. 7

7. D e 5 — e 7

Die Dame sucht nun Deckung, damit e 4 × f 3 geschehen kann.

8. S f 3 — g 5 | 8. L c 8 — f 5

Der Bauer e 4 war dreimal angegriffen, aber nur zweimal (von Dame und Springer) gedeckt. Schwarz will ihn nicht aufgeben und spielt, um ihn zum dritten Male zu decken, L c 8 — f 5, setzt sich so aber dem nachfolgenden sehr gefährlichen Angriffe aus, indem er den Bauer b 7 ohne Deckung läßt, während er von der feindlichen Dame unter gleichzeitigem Schach angegriffen werden kann, wie es auch im nächsten Zuge geschieht.

9. D e 2 — b 5 + | 9. S b 8 — d 7 (s. Fig. 7)

Am besten! — Warum? Ist nicht c 7 — c 6 ebensogut? — Darauf folgt d 5 × c 6. — Und dann b 7 × c 6; denn die Dame darf ja c 6 nicht wiedernehmen. — Tut sie auch nicht, sie nimmt den ungedeckten Läufer f 5. — Ach so, dann wird Schwarz zuerst den Läufer sichern. — Wie? — Durch g 7 — g 6. — Darauf folgt D b 5 × b 7 und dann geht der Turm a 8 verloren. — Hm, also lieber L f 5 — c 8 zurück. — Noch schlimmer. Es folgt c 6 × b 7 +. — Dies Abzugsschach ist äußerst fatal. Der Bauer gelangt in die 8. Reihe und wird Dame (s. S. 14). — Allerdings, auch L c 8 — d 7 würde nichts mehr helfen; denn darauf folgte b 7 × a 8 und wird Dame. L d 7 × b 5; D a 8 × b 8 + und erobert auch noch Läufer b 5. Weiß hat dann zwei Figuren gewonnen bei guter Stellung. (Genau auf dem Brett verfolgen!)

10. D b 5 × b 7 — 10. D e 7 — d 8

Turm d 8 muß gedeckt werden. Besser als T a 8 — b 8

11. S c 3 — b 5

Um demnächst c 7 zu nehmen mit + und gleichzeitigem Angriff auf den Turm.

11. T a 8 — c 8

12. d 2 — d 3

Hierdurch erhält der Läufer c 1 freie Bahn nach f 4, um zum dritten Male den Bauer c 7 anzugreifen. Schwarz sucht daher den ihm unbequemen Springer b 5 zu verdrängen durch

12. a 7 — a 6

Wird nun nicht die Dame den Bauer a 6 schlagen? — Das wäre nicht ungünstig für Schwarz. Er gewänne Zeit L f 8 — e 7 zu spielen, um dann alsbald durch 0—0 seinen König in gesicherte Stellung zu bringen.

13. S b 5 — c 3 — 13. e 4 × d 3

Der Bauer e 4 war dreimal angegriffen und nur zweimal gedeckt. Aber besser hätte Schwarz den Bauer aufgegeben und für Sicherung seines Königs gesorgt.

14. L f 1 × d 3 — 14. L f 5 × d 3

15. c 2 × d 3 — 15. D d 8 — e 7 +

Dies nutzlose Schach fördert nur die Entwicklung des weißen Spiels. Noch immer war es Zeit, den L f 8 — e 7 oder e 6 zu spielen mit nachfolgender 0—0.

16. L c 1 — e 3 — 16. T c 8 — b 8

Durch den Weggang der Dame hat der Turm die Deckung verloren. Er sucht neue und greift zugleich die Dame an.

17. D b 7 × c 7 17. T b 8 × b 2
18. 0—0 18. S f 6 — g 4

Ein Versuch von Schwarz, den Angriff in die Hand zu bekommen. Indessen ist der weiße Angriff noch keineswegs abgeschlagen, wie schon der nächste Zug beweist.

19. T a 1 — e 1 (s. Fig. 8)

Stellung nach dem 19. Zug der Weißen

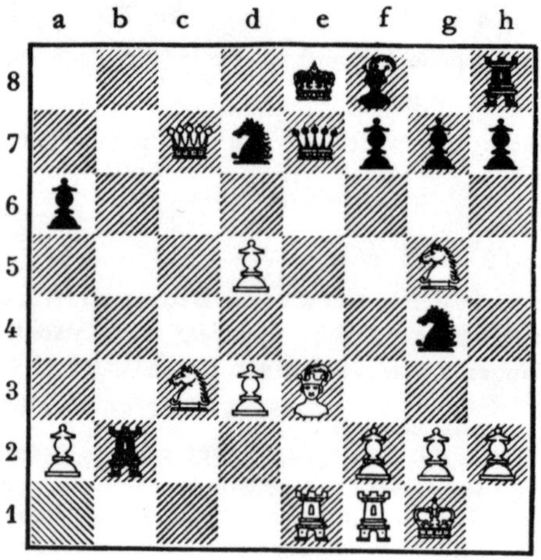

Fig. 8

Weiß droht durch Abzug des Läufers die Dame zu erobern.

19. S d 7 — e 5 (am besten)

Auf S g 4 — e 5 erobert Weiß durch f 2 — f 4 eine Figur; denn der Springer kann nicht abziehen. Nach dem hier gewählten Zuge ist f 2 — f 4 nicht möglich, da die weiße Dame gedeckt werden muß.

20. L e 3 — b 6

Weiß kann es auf den Abtausch der Damen ankommen lassen, da er immer noch durch seine günstige Stellung einen starken Angriff behält. Schwarz ist gezwungen, die Damen zu tauschen, denn es droht

Matt in 2 Zügen durch 21. D c 7 — c 8 +, D e 7 — d 8. 22. D c 8 × d 8 + matt.

Falls Schwarz mit der Dame den Springer g 5 nimmt, folgt 20. D c 7 — c 8+, K e 8 — e 7; 21. L b 6 — d 8+ mit Eroberung der Dame.

	20. D e 7 × c 7
21. L b 6 × c 7	21. f 7 — f 6
22. L c 7 × e 5	22. f 6 × e 5

Wenn der Bauer den Springer nimmt, gewinnt L e 5 × g 7 + (Abzugsschach) den Turm.

23. f 2 — f 3

Um dem Bauer e 5 die Deckung durch den Springer zu nehmen.

	23. T b 2 — c 2

Gegenangriff als Deckung des eigenen Springers. Schwarz hätte wohl besser den Springer gezogen, aber auch dann behielt Weiß einen starken Angriff.

24. f 3 × g 4	24. T c 2 × c 3
25. T e 1 × e 5 +	25. K e 8 — d 7

Falls L f 8 — e 7, erobert d 5 — d 6 den Läufer, der ja nicht wegziehen darf. Wenn der König nach d 8 geht, wird durch S g 5 — f 7 + der Turm erobert.

26. T f 1 — f 7 +	26. K d 7 — d 6
27. T e 5 — e 6 +	

Weiß opfert den Bauer d 5 im Interesse dauernden Angriffs.

	27. K d 6 × d 5
28. T f 7 — d 7 +	28. K d 5 — c 5

Der König hat keine Wahl.

29. S g 5 — e 4 +	29. K c 5 — b 4 (s. Fig. 9)
30. T e 6 — b 6 +	

Zu viel schnellerem Ende führte hier T d 7 — b 7, wie wir nachher unter A sehen wollen. Unvorteilhaft wäre, mit dem Springer den Turm zu nehmen. Der König schlägt dann den Springer wieder und geht auf folgendes Turmschach nach d 2 hinter den Bauer d 3, diesen als gute Deckung benützend. Weiß ist dann nicht in der Lage, andauernd Schach zu bieten, und so wird es Schwarz gelingen, Läufer und Turm zur Verteidigung heranzuziehen und sich noch lange zu halten, vielleicht gar die Partie remis (unentschieden) zu machen.

Stellung nach dem 29. Zug der Schwarzen

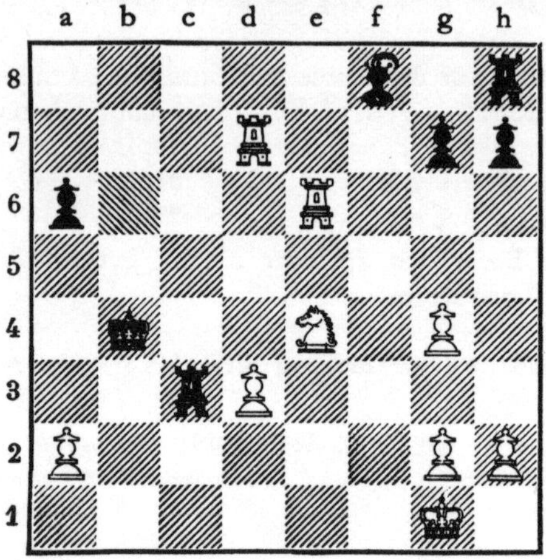

Fig. 9

	30. K b 4 — a 5
31. T b 6 — b 1	

Der Turm geht am besten nach b 1, um T c 3 — c 1 + zu verhüten.

	31. T c 3 — c 2

Auf L f 8 — c 5 + folgte durch d 3 — d 4 Eroberung einer Figur.

32. T d 7 — d 5 +	32. K a 5 — a 4
33. T b 1 — b 6	33. T c 2 — c 1 +
34. K g 1 — f 2	34. T c 1 — c 2 +
35. K f 2 — e 3	35. L f 8 — e 7

Um den Turm h 8 zur Verteidigung heranziehen zu können. Der Läufer hat keinen günstigen Platz, auf den er sich begeben könnte.

Auf 35. T c 2 × a 2 gewinnt Weiß den Turm oder wenigstens den Läufer folgendermaßen:

	35. T c 2 × a 2
36. T b 6 × a 6 +	36. K a 4 — b 8
37. T d 5 — b 5 +	37. L f 8 — b 4
38. T a 6 × a 2	38. K b 3 × a 2
39. T b 4 × b 5	

36. T b 6 × a 6 +	36. K a 4 — b 4
37. T a 6 — b 6 +	37. K b 4 — a 4

Wenn der König nach a 3 geht, folgt sofortiges Matt durch T d 5 — a 5.

38. S e 4 — d 2	38. T h 8 — a 8
39. T b 6 — b 3	39. T c 2 × a 2

Schwarz beabsichtigt, nachdem er dem Turm die Deckung des Bauern genommen, demnächst den Springer zu schlagen. Er könnte dies ungestraft tun; denn wenn der weiße König den schwarzen Turm nähme, nähme der schwarze König den weißen Turm. Weiß läßt es aber nicht dazu kommen. Schwarz hätte hier besser L e 7 — b 4 gespielt, wonach er noch bessere Verteidigung hatte. Versuchs!

40. T d 5 — d 4 +	40. K a 4 — a 5
41. S d 2 — c 4 +	41. K a 5 — a 6

Geht hier der König wieder nach a 4 zurück, so erobert S c 4 — b 6 + den Turm a 8.

42. T b 3 — b 6 +	42. K a 6 — a 7
43. T d 4 — d 7 + matt.	

A.

Gehen wir wieder auf die Fig. 9 angegebene Stellung zurück. Weiß hätte das Matt schneller erzwungen durch:

30. T d 7 — b 7 +	30. K b 4 — a 5
31. T e 6 — e 5 +	31. K a 5 — a 4

Wenn hier:

	31. L f 8 — c 5
32. S e 4 × c 5	32. T h 8 — c 8
33. S c 3 — e 4	33. K a 5 — a 4 (oder anders)
34. S e 4 × c 5	

und es folgt Matt in spätestens 5 Zügen, wie Schwarz auch spielen mag.

32. S e 4 × c 3 +	32. K a 4 — a 3
33. T e 5 — a 5 + matt.	

Viertes Spiel

1. e 2 — e 4	1. e 7 — e 5
2. S g 1 — f 3	2. S b 8 — c 6
3. d 2 — d 4	

Weiß greift damit den Bauer e 5 zum zweiten Male an. Wenn Schwarz e 5 zum zweiten Male deckt, läßt Weiß 4. d 4 — d 5 mit Angriff auf den Springer folgen und hat dann durch die verbundenen Mittelbauern e 4 und d 5 ein starkes Zentrum erreicht. Daher:

3. e 5 × d 4

4. S f 3 × d 4 — 4. D d 8 — h 4

5. S d 4 — b 5

Die schwarze Dame hat von h 4 aus den Bauer e 4 angegriffen. Weiß antwortet mit einem Gegenangriff des Springers auf den Bauer c 7, der durch den Weggang der Dame seine Deckung verloren hat. Es handelt sich bei diesem Zuge um weit mehr als die Eroberung eines Bauers. Auf c 7 würde nämlich der Springer König und Turm zugleich angreifen (vgl. 2. Spiel) und so den Turm erobern. Gleichzeitig würde dadurch — weil der König ziehen müßte, um aus dem Schach zu kommen — für Schwarz die Möglichkeit der Rochade zerstört. Schwarz könnte nun durch K e 8 — d 8 unter Aufgabe der Rochade oder durch L f 8 — d 6 den Bauer c 7 decken; aber dann würde Weiß Zeit gewinnen, auch seinen Bauer e 4 zu decken, und da Weiß ins Schach kommt, wenn die schwarze Dame den Bauer e 4 nimmt, so setzt Schwarz seinen Angriff unbekümmert fort, in der Erwartung, Weiß in Bedrängnis bringen und doch noch gegen den Zug S b 5 × c 7 gelegentlich sich decken zu können.

5. D h 4 × e 4 +

6. L f 1 — e 2

Weiß konnte hier mindestens ebensogut das Schach durch L c 1 — e 3 decken, wobei der Bauer g 2 Deckung behielt, und dann auf das im nächsten Zuge folgende Schach durch den schwarzen Läufer S b 1 — d 2 antworten.

6. L f 8 — b 4 +

7. S b 1 — d 2

Besser war nun wohl L c 1 — d 2, wodurch nicht nur das Schach gedeckt, sondern auch ein Gegenangriff auf den Läufer gemacht wurde. Der mit dem gewählten Zuge verbundene Angriff des Springers auf die Dame hat keinen Wert; denn der Springer ist ja gefesselt (vgl. 2. Spiel, 10. Zug). Es liegt aber auch der schwarzen Dame nicht viel daran, ihren Platz zu behaupten.

7. D e 4 × g 2

8. L e 2 — f 3 — 8. D g 2 — h 3

9. S b 5 × c 7 +

Stellung nach dem 13. Zug der Schwarzen

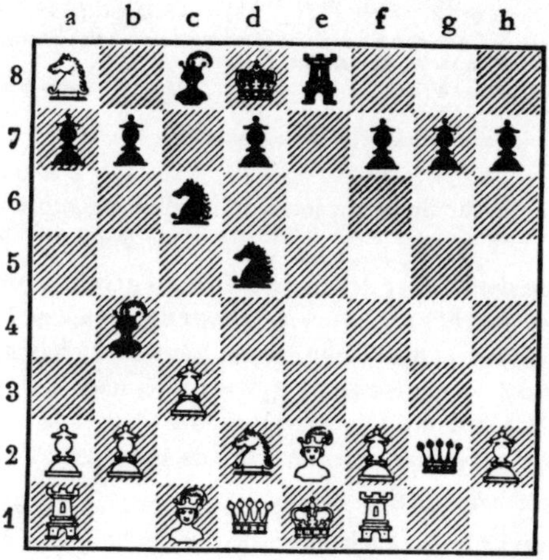

Fig. 10

Weiß hat jetzt Zeit gefunden, den längst beabsichtigten Springerangriff auszuführen.

9. K e 8 — d 8

10. S c 7 × a 8

Schwarz wird damit wohl nur die Qualität (s. S. 16) gewinnen; denn der Springer dürfte kaum wieder herauskommen.

10. S g 8 — f 6

Schwarz leitet mit diesem Zuge einen weit berechneten Angriff ein.

11. c 2 — c 3	11. T h 8 — e 8 +
12. L f 3 — e 2	12. D h 3 — g 2
13. T h 1 — f 1	13. S f 6 — d 5 (s. Fig. 10)
14. S d 2 — c 4	

Aber warum in aller Welt nimmt Weiß denn den Läufer b 4 nicht endlich? — Es wäre keinesfalls ein Vorteil. Z. B.

14. c 3 × b 4	14. S d 5 — f 4

Damit droht T e 8 × e 2 +. Das Matt konnte dann nur verhindert werden durch D d 1 × e 2, worauf durch S f 4 × e 2 die Dame verloren ginge. Wenn aber

15. D d 1 — c 2 so	15. T e 8 × e 2 +
16. K e 1 — d 1	16. T e 2 × d 2 +
17. K d 1 × d 2	17. D g 2 × f 1

und Schwarz hat nicht nur seine Figur zurück, sondern noch eine dazu erobert bei guter Stellung

Besser ist für Weiß, im 15. Zuge zu spielen:

15. S d 2 — e 4	15. T d 8 (oder D g 2) × d 4
16. L c 1 — e 3	

aber auch so hat Schwarz die verlorene Figur zurück bei günstiger Stellung.

14. L b 4 × c 3 +

S d 5 — f 4 ist für Schwarz jetzt unmöglich wegen L c 1 × f 4.

15. b 2 × c 3	15. S d 5 × c 3

Schwarz hat den Läufer gegen zwei Bauern geopfert, um diesen starken Angriffszug machen zu können. Die weiße Dame ist hiernach nicht mehr zu retten. Sie darf die Deckung von Läufer e 2 nicht aufgeben, weil sonst T e 8 × e 2 + mattsetzt. Ginge sie also nach d 2, d 3 oder c 2, so folgte T e 8 × e 2 +. Die Dame müßte den Turm nehmen und würde vom Springer wiedergenommen, darum deckt Weiß durch

16. S c 4 — e 3

nochmals e 2 und greift gleichzeitig die feindliche Dame an. Aber auch das nützt nichts.

	16. T e 8 × e 3
17. L c 1 × e 3	17. S c 3 × d 1
18. T a 1 × d 1	18. D g 2 × h 2
19. T d 1 — d 3	19. D h 2 — b 8

Die Dame geht zurück, um dem Springer den Garaus zu machen. Das ist ein *sehr bedenkliches Manöver*, da sie sich dadurch zu sehr vom Kriegsschauplatz entfernt.

20. T f 1 — g 1	20. g 7 — g 6

Der angegriffene Bauer sucht Deckung.

21. L e 3 — g 5 +	21. S c 6 — e 7
22. K e 1 — d 2	22. D b 8 × a 8

Ein grober Fehler, wie er aber nur zu häufig, besonders von Anfängern begangen wird. In blindem Eifer sucht Schwarz den Springer zu erobern und übersieht die eigene Gefahr. Mit dem nächsten Zuge

23. T d 3 — e 3 (s. Fig. 11)

erobert Weiß nicht nur den Springer zurück, sondern erhält auch einen übermächtigen Angriff. Schwarz hätte diesen auf der Hand liegenden Zug voraussehen und dem Springer rechtzeitig Hilfe bringen müssen,

Stellung nach dem 23. Zug der Weißen

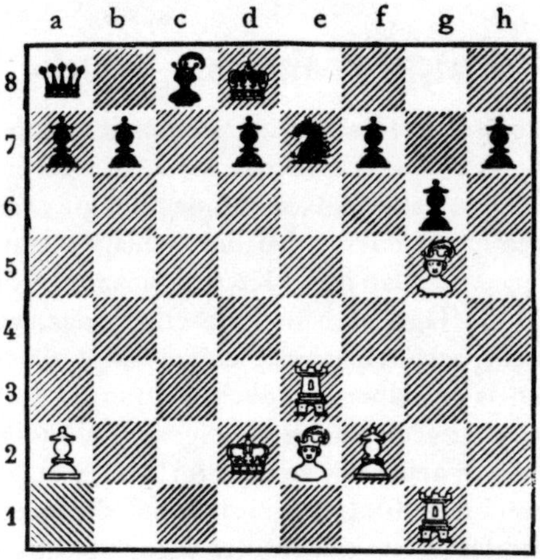

Fig. 11

etwa durch D b 8 — e 5. Unter den obwaltenden Umständen ist das Schicksal von Schwarz besiegelt, wie er sich auch verteidigen mag.

23. b 7 — b 6

Um der Dame direkten Ausgang ins Spiel zu verschaffen. Das konnte auch durch D a 8 — b 8 erreicht werden, aber weder diese Züge, noch andre, etwa K d 8 — c 7 oder e 8 sind imstande, das Spiel noch zu retten.

24. L g 5 × e 7 +	24. K d 8 — c 7
	Auf 24. K d 8 — e 8 folgt
25. L e 7 — g 5 +	25. K e 8 — f 8
26. L g 5 — h 6 +	26. K f 8 — g 8
27. T e 3 — e 8 + matt.	
25. T g 1 — c 1 +	25. K c 7 — b 8

Wenn der König nach b 7 geht, gewinnt L e 2 — f 3 + die Dame damit das Spiel.

26. L e 7 — d 6 +	26. K b 8 — b 7
27. L e 2 — f 3 +	27. K b 7 — a 6
28. T e 3 — a 3 +	28. K a 6 — b 5
29. L f 3 — e 2 + matt.	

Vom 26. Zuge ab sind es lauter Zwangzüge, d. h. der König hat keine andere Wahl. Auf Wegnahme der Dame verzichtet Weiß.

Einige praktische Winke

Hienach noch einige Ratschläge zur Beherzigung bei der praktischen Übung des Spiels. Bedenke stets, daß es im Schachspiel nicht in erster Linie darauf ankommt, dem Gegner möglichst viele Steine zu nehmen, sondern, daß das Schlagen nur Mittel zum Zweck ist. Verzettele also deine Kraft und ruiniere deine Stellung nicht durch bloße Jagd nach feindlichen Steinen, verschmähe es aber auch nicht, bei Gelegenheit einige Züge daran zu wagen, wenn *Aussicht* da ist, einen feindlichen Stein zu erobern. Vergiß nie über deinen Angriffsplänen die eigene Verteidigung.

Bei *Opfern* sei vorsichtig, sowohl im Anbieten, als im Annehmen. Weitberechnete und tiefdurchdachte Opferkombinationen bilden Zierden der Spielweise großer Schachmeister und verraten oft bewundernswerte Geistesschärfe und Kombinationsgabe. Aber der Anfänger wird fast immer mit seinen Opfern hineinfallen. — Ehe du eine zum Schlagen angebotene Figur nimmst, sieh genau zu, ob es nicht eine Falle ist, die dich in Nachteil bringt, die nur einen den Gegner hindernden Stein von seinem Platze locken soll. Sei um so vorsichtiger, je wertvoller der angebotene Stein ist. — Spielst du natürlich mit einem Ungeübten, dem ein Übersehen in jeder Partie so und so oft vorkommt, so liegt die Sache natürlich anders, dann darfst du schon eher zugreifen.

Der *König* ist an sich eine starke Figur, wie sich in den Endspielen zeigt. Solange noch die feindliche Dame und die Mehrzahl der feindlichen Offiziere auf dem Brett sind, halte man ihn in sicherer Stellung. Im Endspiel säume man jedoch nicht, ihn ins Spiel zu bringen, besonders um Bauern beim Vordringen zu decken. (Vgl. Endspiele.)

Die *Dame* ist bei weitem die stärkste Figur, und es wird ihr daher immer ein großer Teil der Arbeit zufallen. Indessen hüte man sich, sie *allzufrüh* weit in das feindliche Lager eindringen zu lassen, da sie so allzuleicht abgeschnitten wird und verloren geht, oder wenigstens durch vielfache Angriffe zum Hin- und Herziehen genötigt und auf ungünstige Plätze gedrängt wird. Auch muß dringend davor gewarnt werden, sie bei nahender Entscheidung auf weit abseits liegende Felder zu bringen, wenn auch ein Bauer oder gar eine Figur dadurch erobert werden kann. (Vgl. 4. Spiel 19. Zug.) Wenn sich die Dame in gerader oder schräger Richtung vor dem eigenen König befindet, so muß man stets besorgt sein, daß nicht durch einen Turm- oder Springerangriff die Dame verloren gehe. Auch achte man stets darauf, daß nicht König und Dame zugleich durch einen Springer angegriffen werden können, wobei meist die Dame verloren geht. (Vgl. Königsspringerspiel VIII, Anm. zum 12. Zug.)

Die *Türme* erweisen sich als besonders stark in Endspielen. Man suche sie aber möglichst bald (durch Rochade) ins Spiel zu bringen. Sehr wirksam erweisen sie sich auf „offenen Reihen", d.h. solchen „senkrechten" Reihen, in denen sich kein Bauer mehr befindet. Eine solche offene Reihe suche man sobald als möglich zu besetzen. In vielen Partien wird es sich auch als sehr wirksam erweisen, zwei Türme hintereinander auf eine solche Reihe zu bringen, die Türme dort zu „doppeln".

Die *Springer* sind meistens besser in der Mitte des Brettes als am Rande postiert, weil sie dort eine größere Anzahl von Feldern beherrschen. Zwei Springer, die einander decken, bilden eine starke Position. Man übe sich in geschickter Führung der Springer; denn dadurch kann man dem Gegner großen Abbruch tun. Vielfach gelingt es einem Springer, König und Turm oder Dame und Turm zugleich zu bedrohen (insbesondere bei ursprünglicher Stellung der Figuren von welchen Feldern aus?), wodurch häufig ein Turm oder wenigstens die Qualität verloren geht.

Die *Bauern* schätze man nicht gering und gebe auch nicht *einen* ohne Not preis. Beim Vorrücken suche man sie miteinander in Verbindung zu halten. Mehrere einander deckende Bauern bilden einen starken Schutzwall, der die feindlichen Offiziere, insbesondere Läufer und Türme, außerordentlich zu hindern imstande ist. (Vgl. Endspiele.)

Zur *Rochade* entschließe man sich möglichst bald, um den König in gesicherte Stellung und die Türme leichter ins Spiel zu bringen. Oft ist es vorteilhaft, nach der kurzen Rochade den f-Bauern vom Turm gedeckt vorrücken zu lassen, doch wird es dann auch wenigstens empfehlenswert sein, den König auf die h-Reihe zu rücken, um ihn gegen Läuferangriffe zu schützen. Im allgemeinen lasse man nach der Rochade die Bauern des betreffenden Flügels nicht ohne Not vorrücken.

Spieleröffnungen

Wenn der Anfänger die im vorigen Abschnitt behandelten Spiele *aufmerksam und wiederholt* durchgespielt hat, so wird er weit genug sein, um es mit der praktischen Partie wagen zu können. Er mag sich Gegner suchen und seine Kräfte an ihnen messen. In diesem Kampfe wird er sehr bald merken, wie wichtig es ist, sein Spiel gut zu *entwickeln*, d. h. die Streitkräfte günstig zu postieren, zum Angriff wie zur Verteidigung, so daß eine Figur die andere unterstützt und deckt, und doch möglichst wenig den andern den Weg versperrt. Dafür sollen im nächsten Abschnitt einige Winke gegeben werden durch Mitteilung und kurze Erläuterung der üblichsten Eröffnungen. Natürlich gibt es für jede Eröffnung zahlreiche verschiedene und verschieden gute Fortsetzungen, *Varianten*, die wir hier nicht im entferntesten alle erörtern können und erörtern wollen, denn das würde den Umfang und Zweck dieses Buches weit überschreiten.

Fehlerhafte Eröffnungen

Bevor wir aber mit den guten und empfehlenswerten Eröffnungen uns beschäftigen, wollen wir einige fehlerhafte und verkehrte, die aber Anfängern und solchen älteren Spielern, die keine vernünftige Unterweisung im Schachspiel genossen haben und ins Blaue hineinspielen, bisweilen vorkommen, und die zum Teil schon mit Spottnamen belegt worden sind.

1. Das Narrenmatt

1. f 2 — f 3	1. e 7 — e 5
2. g 2 — g 4	2. D d 8 — h 4 + matt.

Die ganz gedankenlosen Züge von Weiß rächen sich hier äußerst schnell. So schnell erfolgt die Rache bei andern, nicht minder gedankenlosen Zügen nicht, aber glaube nur nicht, daß sie ausbleibt. Wenn dein Gegner nur in etwa achtsam spielt, wirst du bald Figuren einbüßen und matt werden, wenn du nicht auch wohl überlegst.

2. Das Schäfermatt

Unter diesem Namen geht folgendes im vierten Zuge herbeigeführte Matt:

1. e 2 — e 4	1. e 7 — e 5
2. L f 1 — c 4	2. S b 8 — c 6
3. D d 1 — f 3	3. S c 6 — d 4

In blindem Eifer, der wie überall, so besonders beim Schachspiel verderblich ist, greift Schwarz die Dame f 3 an und übersieht das auf f 7 ihm selbst drohende Matt.

4. D f 3 × f 7 + matt.

Auf dieses Matt auf f 7 bzw. f 2 sei hier noch besonders aufmerksam gemacht. Oft wird es durch irgendeinen Zug des Gegners unbeabsichtigt zunächst verhindert und kann dann erst einige Züge später bewirkt werden. Überhaupt sind die beiden Punkte f 2 und f 7 die schwächsten der beiden Heere, und wie man deshalb einerseits darauf ausgehen muß, dorthin seine Angriffe zu richten, so muß man andrerseits auch ganz besonders auf ihre Verteidigung bedacht sein. Wenn im Laufe der Partie, bevor rochiert worden ist, die feindliche Dame f 2 (f 7) angreift, so sehe man wohl zu, ob nicht ein dem obigen ähnliches Matt droht. Die Verteidigung gegen solche Angriffe ist ja meistens nicht schwer zu finden, sie haben vielfach nur Erfolg wegen der Unachtsamkeit des Angegriffenen.

Gute Eröffnungen

Offene Spiele

Offen nennt man alle Eröffnungen, die mit den Zügen beginnen:

1. e 2 — e 4	1. e 7 — e 5

Je nachdem fortgefahren wird, zerfallen diese Eröffnungen in verschiedene Gruppen, die man wieder in Unterabteilungen zerlegen kann. Die wichtigeren haben besondere Namen.

Königsspringerspiele

1. e 2 — e 4	1. e 7 — e 5
2. S g 1 — f 3	

Wenn Weiß, nachdem die Königsbauern beiderseits zwei Schritt vorgerückt worden sind, 2. S g 1 — f 3 spielt, nennt man diese uns schon aus den im vorigen Abschnitt erörterten Partien bekannte Eröffnung „Königsspringerspiel". Dieses umfaßt eine ganze Gruppe von Eröffnungen, die zum Teil wieder, je nachdem weiter fortgefahren wird, besondere Namen tragen. Wir haben die meisten schon kennengelernt, nämlich: *I. L f 8 — d 6, II. D d 8 — e 7, III. D d 8 — f 6, IV. f 7 — f 6 V. d 7 — d 6, VI. d 7 — d 5, VII. f 7 — f 5, VIII. S g 8 — f 6* und *IX. S b 8 — c 6.* Diese Entgegnungen sind nicht alle gleich gut. Wir wollen sie im Nachfolgenden mehr oder weniger eingehend würdigen. Von allen die beste und darum beliebteste ist die an letzter Stelle genannte S b 8 — c 6, aus der sich wieder mehrere Spielarten entwickeln, und die aus diesem Grunde an letzter Stelle behandelt werden soll. Bei den Zügen VI. d 7 — d 5, VII. f 7 — f 5 und VIII. S g 8 — f 6 ist die Verteidigung *indirekt*, d. h. sie besteht in einem Gegenangriff (auf den feindlichen Bauer e 4).

I.

Durch *L f 8 — d 6* wird der d-Bauer am Vorrücken gehindert und so der Läufer c 8 eingesperrt. Man halte das nicht für Kleinigkeiten und unwichtig. Nur zu leicht wird man sonst am eigenen Leibe in der praktischen Partie die Nachteile erfahren müssen. Man hat dann oft das Gefühl, mit gebundenen Händen dazusitzen. Der Anfänger wird hier meist glauben, dem Übel sei doch leicht abgeholfen, indem man später, wenn nötig, die hindernde Figur auf einen andern Platz rückt. Aber erstens ist das der Verlust eines Tempos, etwa dasselbe also, als wenn man dem Gegner gestatten wollte, zwei Züge nacheinander zu machen; zweitens ist es nicht immer möglich, die hindernde Figur anders zu placieren, weil sie zur Deckung einer andern dient, und drittens ist oft nur *sofortige* Hilfe von Nutzen. Um ein deutliches Beispiel zu wählen: wenn es gilt, Schach zu decken, so muß das in *einem* Zuge geschehen können, sonst ist es zu spät.

II.

D d 8 — e 7. Ungünstig, weil hier die Dame dem Läufer f 8 den Ausgang versperrt.

III.

D d 8 — f 6. Ebenfalls nicht günstig. Hier hindert die Dame den Springer g 8 auf das für ihn wichtige und günstige Feld f 6 zu gehen. Dies Feld ist für ihn günstiger als das Randfeld h 6. Es ist aber oft nötig, Königsspringer und Königsläufer bald hinauszuführen, auch um dem König für die Rochade die Bahn frei zu machen.

IV.

f 7 — f 6. Vor dieser Verteidigung muß dringend *gewarnt* werden. Durch ein Springeropfer, das aber ein wahres Danaërgeschenk ist, erzwingt Weiß oftmals baldiges Matt, z. B.

1. e 2 — e 4	1. e 7 — e 5
2. S g 1 — f 3	2. f 7 — f 6
3. S f 3 × e 5	3. f 6 × e 5

Besser wäre, nicht zu nehmen.

4. D d 1 — h 5 +	4. K e 8 — e 7

Wenn Schwarz das Schach durch g 7 — g 6 deckt, erobert Weiß mit D h 5 × e 5 + den Turm h 8.

5. D h 5 × e 5 +	5. K e 7 — f 7
6. L f 1 — c 4 +	6. K f 7 — g 6 Auch d 7 — d 5 würde nichts retten.
7. D e 5 — f 5 +	7. K g 6 — h 6 Es gibt keinen andern Zug.
8. d 2 — d 4 + Abzugsschach	8. g 7 — g 5
9. h 2 — h 4	9. K h 6 — g 7

Um dem drohenden Doppelschach durch h 4 × g 5 auszuweichen. Es gibt keine Rettung mehr für Schwarz.

10. D f 5 — f 7 +	10. K g 7 — h 6
11. h 4 × g 5 + matt	

Wie schon bemerkt, tut Schwarz besser, im 3. Zuge den Springer e 5 *nicht zu nehmen*. Aber auch dann erhält Weiß ein überlegenes Spiel.

V.

d 7 — d 6. Diese Fortsetzung ist in der Schachwelt bekannt als *Philidors Verteidigung* (Französisches Springerspiel).

Sie hat ihren Namen von dem berühmten französischen Schachspieler Philidor, der in der zweiten Hälfte des 18. Jahrhunderts lebte und sie als die beste Verteidigung im Königsspringerspiel bezeichnete. Wenn dies auch nicht richtig ist, so ist sie doch immerhin eine gute und sichere Verteidigung. Z. B.:

1. e 2 — e 4	1. e 7 — e 5
2. S g 1 — f 3	2. d 7 — d 6
3. L f 1 — c 4	

Weiß kann auch hier ebensogut mit d 2 — d 4 fortfahren, worauf Schwarz am besten e 5 × d 4 antwortet, oder auch mit S b 8 — d 7 den angegriffenen Bauer e 5 deckt.

	3. c 7 — c 6
4. d 2 — d 4 (am besten)	4. d 6 — d 5
5. e 4 × d 5	5. e 5 — e 4
6. S f 3 — e 5	6. c 6 × d 5
7. L c 4 — b 5 +	7 L c 8 — d 7
8. S e 5 × d 7	8. S b 8 × d 7

Die Spiele stehen gleich.

VI.

d 7 — d 5. Dieser von Anfängern recht gern angewandte Zug gehört zu den *schwachen* Verteidigungen und durchweg entwickelt sich das weiße Spiel dann günstiger. Siehe Übungspartien, 3. Spiel.

VII.

f 7 — f 5. Auch ungünstig für Schwarz, z. B.:

1. e 2 — e 4	1. e 7 — e 5
2. S g 1 — f 3	2. f 7 — f 5
3. L f 1 — c 4 (am besten)	

Doch kann Weiß auch ohne Nachteil S f 3 × e 5 spielen. Weniger empfehlenswert ist e 4 × f 5.

	3. f 5 × e 4 (oder d 7 — d 6)
4. S f 3 × e 5	

Der Springer droht nach f 7 gehend, vom Läufer gedeckt, Dame und Turm zugleich anzugreifen. Sucht Schwarz dies durch d 7 — d 5 zu hindern, so spielt Weiß D d 1 — h 5 + mit sehr starkem Angriff. Schwarz entgegnet daher am besten:

4. D d 8 — g 5

womit ein Gegenangriff eingeleitet wird, der für Weiß bei falscher Verteidigung gefährlich werden kann.

5. S e 5 — f 7	5. D g 5 × g 2
6. T h 1 — f 1	6. d 7 — d 5
7. S f 7 × h 8	

Wenn Läufer c 4 den Bauer d 5 schlägt und Schwarz 7. c 8 — h 3 so würde weiß D d 1 — e 2 spielen müssen.

	7. d 5 × c 4
8. D d 1 — h 5 +	8. g 7 — g 6

9. D h 5 × h 7	9. L c 8 — e 6
10. D h 7 × g 6 +	10. D g 2 × g 6
11. S h 8 × g 6	

und Weiß hat die Qualität (s. S. 16) gewonnen.

VIII.

S g 8 — f 6. Diese Entgegnung ist gut und sicher. Sie wird in der Schachwelt die *Russische Partie* oder *Spiel des Petrow* genannt. Weiß kann dann gut eine der drei nachstehenden Fortsetzungen wählen, worauf Schwarz am besten in der angegebenen Weise antwortet.

I. 3. S f 3 × e 5	3. d 7 — d 6
II. 3. d 2 — d 4	3. S f 6 × e 4 (oder e 5 × d 4)
III. 3. S b 1 — c 3	3. L f 8 — b 4

Auf die sich aus jeder dieser Spielarten alsbald ergebenden Varianten kann hier nicht näher eingegangen werden, doch soll vor einer *fehlerhaften* Fortsetzung von Schwarz *gewarnt* werden, in die Anfänger gern verfallen, nämlich in I, statt mit d 7 — d 6, mit S f 6 × e 4 zu antworten. Das bringt Nachteil. Z. B.

1. e 2 — e 4	1. e 7 — e 5
2. S g 1 — f 3	2. S g 8 — f 6
3. S f 3 — e 5	3. S f 6 × e 4
4. D d 1 — e 2	4. D d 8 — e 7 (am besten)

Der schwarze Springer darf nicht wegziehen, sonst spielt Weiß S e 5 — c 6 + (Abzugsschach) und gewinnt die Dame. Wird er durch d 7 — d 5 oder f 7 — f 5 verteidigt, so antwortet Weiß f 2 — f 3 und gewinnt den Springer, der ja nicht weggehen darf.

5. D e 2 × e 4	5. d 7 — d 6
6. d 2 — d 4	6. f 7 — f 6
7. f 2 — f 4	7. S b 8 — d 7
8. S b 1 — c 3	8. d 6 × e 5

Schwarz hat den Springer nicht sogleich geschlagen, weil er nicht den schlagenden Bauer einbüßen wollte. Jetzt mußte er schlagen, denn sonst wäre der Springer davongegangen, weil die weiße Dame nunmehr durch den andern Springer Deckung hatte.

9. S c 3 — d 5	9. D e 7 — d 6 (am besten)

Die Dame soll einerseits weiter den Bauer e 5 decken, der dreimal angegriffen ist, andererseits den Springer hindern, c 7 zu nehmen (mit Schach und Angriff auf den Turm).

10. d 4 × e 5	10. f 6 × e 5
11. f 4 × e 5	11. D d 6 — c 6

Wenn der Springer d 7 den Bauer schlägt, geht er verloren durch L c 1 — f 4, wenn die Dame den Bauer schlägt, tauscht Weiß die Damen und spielt dann S d 5 × c 7 +, wodurch Turm a 8 verloren geht.

12. L f 1 — b 5	12. D c 6 — g 6

Die Dame darf den Läufer nicht schlagen, sonst geht sie selbst verloren durch S d 5 × c 7 +; geht sie nach c 5, so wird sie erobert durch b 2 — b 4 oder L c 1 — e 3; alle übrigen ihr von c 6 aus zugänglichen Felder werden von feindlichen Steinen beherrscht, so daß ihr nur übrig bleibt, nach g 6 zu gehen.

13. D e 4 × g 6 +	13. h 7 × g 6
14. S d 5 × c 7 + und erobert den Turm.	

IX.

S b 8 — c 6. Dies ist die beste und beliebteste Verteidigung im Königsspringerspiel, die klassische. Zu ihr gehören mehrere der bekanntesten und häufigsten Eröffnungen, die je nach der Fortsetzung verschieden bekannt sind. Den wichtigsten müssen wir einige Aufmerksamkeit schenken.

1. *Italienische Partie oder Giuoco piano*

1. e 2 — e 4	1. e 7 — e 5
2. S g 1 — f 3	2. S b 8 — c 6
3. L f 1 — c 4	3. L f 8 — c 5

Diese Züge bilden die genannte Eröffnung, die beiden Spielern eine gute Entwicklung gewährt. Von den verschiedenen weiteren Fortsetzungen ist sehr beliebt 4. c 2 — c 3. Siehe darüber Übungspartien 1. Spiel, und Meisterpartien, 1. Partie.

Ebensogut ist 4. 0—0, worauf Schwarz am besten d 7 — d 6 antwortet und die in letzter Zeit immer mehr in Aufnahme kommende Fortsetzung 4. d 2 — d 3, auf die Schwarz als gute Antwort S g 8 — f 6 oder auch d 7 — d 6 spielen kann.

Ferner muß hier die als *Evansgambit* (nach dem Erfinder Evans) bekannte Spielart genannt werden; nämlich *4. b 2 — b 4*. Sie führt zu interessanten Stellungen und ist sehr beliebt. Näheres siehe Meisterpartien, 2. Partie. Über den Ausdruck „Gambit“ s. S. 48.

2. Zweispringerspiel im Nachzuge

Wenn Schwarz im 3. Zuge der italienischen Partie statt des Läufers seinen zweiten Springer nach f 6 zieht, so heißt diese Eröffnung Zweispringerspiel im Nachzuge. Sie besteht also aus folgenden Zügen:

1. e 2 — e 4	1. e 7 — e 5
2. S g 1 — f 3	2. S b 8 — c 6
3. L f 1 — c 4	3. S g 8 — f 6

Weiß antwortet nun am besten mit S f 3 — g 5. (Siehe Übungspartien, 2. Spiel.) Auch d 2 — d 4 oder S b 1 — c 3 sind gute Fortsetzungen.

3. Spanische Partie

Diese, auch *Spiel des Lopez* nach dem spanischen Schachmeister *Rui Lopez de Segura* genannte Eröffnung besteht aus folgenden Zügen:

1. e 2 — e 4	1. e 7 — e 5
2. S g 1 — f 3	2. S b 8 — c 6
3. L f 1 — b 5	

Sie gewährt dem Anziehenden einen starken, nachhaltigen Angriff und führt meist zu fesselnden Stellungen. Von den zahlreichen Antworten, die Schwarz zu Gebote stehen, gelten als die besten S g 8 — f 6 und a 7 — a 6. Auf a 7 — a 6 zieht sich der angegriffene Läufer am besten nach a 4 zurück. Schwarz kann dann mit S g 8 — f 6 den Bauer e 4 angreifen und gelegentlich mit b 7 — b 5 den Läufer auch von a 4 vertreiben, wenn dies vorteilhaft erscheint, was jedoch nicht immer der Fall sein dürfte, da der Läufer vielfach auf b 3, wo er f 7 angreift, günstiger placiert sein wird als auf a 4. (Vgl. Musterpartien 3, 4 und 5.)

4. Schottisches Spiel

1. e 2 — e 4	1. e 7 — e 5
2. S g 1 — f 3	2. S b 8 — c 6
3. d 2 — d 4	

Diese Eröffnung nennt man die schottische. Schwarz kann nun d 4 mit dem Springer c 6 oder noch besser mit e 5 nehmen (s. Übungspartien, 4. Spiel). Weiß nimmt dann am besten mit Springer f 3 den Bauer wieder. Oftmals jedoch verzichtet Weiß auf diesen Bauer, um sich einen schnelleren Angriff zu verschaffen und fährt mit 4. L f 1 — c 4 fort. Diese Eröffnung nennt man dann „Schottisches Gambit". Über den Ausdruck „Gambit" s. S. 48.

5. Englisches Spiel

1. e 2 — e 4 1. e 7 — e 5
2. S g 1 — f 3 2. S b 8 — c 6
3. c 2 — c 3

Diese Eröffnung verschafft Weiß keinen scharfen Angriff, ist jedoch gut und sicher. Gute Verteidigungen für Schwarz sind S g 8 — f 6 oder f 7 — f 5 oder d 7 — d 5. (Siehe Meisterpartien, 6. Partie.)

Damenspringerspiel

1. e 2 — e 4 1. e 7 — e 5

Hienach kann Weiß auch statt des Königsspringers den *Damenspringer* entwickeln und

2. S b 1 — c 3

spielen. Diese Eröffnung wird „Damenspringerspiel" oder „Wiener Partie" genannt. Sie ist nicht so kräftig, wie die der Königsspringerspiele, aber einwandfrei. Schwarz antwortet am besten mit S g 8 — f 6 oder S b 8 — c 6. Etwas weniger günstig ist L f 8 — b 5 oder c 4.

Königsläuferspiel

Wenn Weiß im zweiten Zuge statt des Königsspringers den Königsläufer entwickelt und L f 1 — c 4 spielt, so nennt man diese Eröffnung „Läuferspiel" oder „Königsläuferspiel". Neuerdings ist sie vom Königsspringerspiel in den Hintergrund gedrängt worden, während sie früher sehr beliebt war und es in manchen Kreisen auch noch heute ist. Die Eröffnung besteht also aus den Zügen:

1. e 2 — e 4 1. e 7 — e 5
2. L f 1 — c 4

Als beste Antwort für Schwarz gilt heute S g 8 — f 6. Doch ist auch L f 1 — c 5 eine gute Entgegnung. Dieser Zug war früher allgemein sehr beliebt und ist es vielfach noch heute.

2. L f 8 — c 5

Weiß kann darauf gut mit c 2 — c 3 fortfahrend d 2 — d 4 vorbereiten oder einen seiner Springer entwickeln. Bei Anfängern beliebt ist:

3. D d 1 — f 3

oder auch D d 1 — h 5. Mit diesen Zügen droht Weiß „Schäfermatt" (s. S. 40) und der Zug mag wohl auch unerfahrenen und unaufmerksamen Spielern gegenüber Erfolg haben; Schwarz hat aber mit S g 8 — f 6 (oder auf D d 1 — h 5 mit D d 8 — f 6) gute Verteidigung und kommt in Vorteil. *Schlecht* wäre für Schwarz:

3. S g 8 — h 6, denn mit

4. d 2 — d 4

greift Weiß gleichzeitig den Läufer c 5 und den Springer h 6 an, während die Drohung des Schäfermatts im Hintergrunde steht, und erobert so eine Figur. Wenn:

4. e 5 × d 4, so folgt

5. L c 1 × h 6

und Schwarz darf den Läufer nicht wiederschlagen, weil sonst matt durch D f 3 × f 7 + folgt.

Gambitspiele

Wenn ein Spieler, meistens der Anziehende, in der Eröffnung einen Bauer preisgibt, um einen stärkeren Angriff zu bekommen, so nennt man diese Spiele Gambitspiele. Der Ausdruck kommt vom italienischen dare il gambetto = ein Bein stellen. Es sind also gewissermaßen „Fintenspiele". Sie sind sehr beliebt und führen meistens zu fesselnden Verwicklungen. Der französische Schachmeister Philidor behauptete, der Nachteil, der für den das Gambit Anbietenden durch Verlust des Bauers entstehe, sei groß genug, um unter ganz gleich starken, guten Spielern den Verlust der Partie herbeizuführen. Dem steht aber die gegenteilige Meinung anderer Schachmeister gegenüber. Die Praxis hat bisher gezeigt, daß Vor- und Nachteile sich aufheben, und so darf man sich ruhig auf Gambitspiele einlassen als Anziehender, wie als Nachziehender. Zu den Gambitspielen gehören auch noch mehrere Eröffnungen, die an anderer Stelle behandelt sind, so das Evansgambit, s. S. 45, das Schottische Gambit s. S. 46 und das Damengambit s. S. 50.

1. Mittelgambit

1. e 2 — e 4	1. e 7 — e 5
2. d 2 — d 4	2. e 5 × d 4

Weiß kann nun zwar ohne Nachteil mit der Dame den Bauer wieder nehmen, er hat jedoch auch Gelegenheit, auf den Bauer verzichtend sein Spiel schneller zu entwickeln mit L f 1 — c 4 oder S g 1 — f 3.

2. Königsgambit

1. e 2 — e 4	1. e 7 — e 5
2. f 2 — f 4	2. e 5 × f 4

Dies ist das Gambitspiel im ältesten und eigentlichsten Sinne des Wortes. Der leitende Gedanke bei dieser Spielweise ist folgender. Wenn Schwarz das angebotene Gambit mit e 5 × f 4 annimmt, wird er immer genötigt sein, bald g 7 — g 5 zu spielen, falls er den Bauer f 4, den man den *Gambitbauer* zu nennen pflegt, behaupten will. Dadurch wird sein Königsflügel geschwächt, und Weiß darf sich eher einen Erfolg versprechen, wenn er nun gegen diesen schnell mit heftigem Angriff vorgeht. Durch die Ablenkung des feindlichen e-Bauers erhält Weiß auch Gelegenheit, sich durch d 2 — d 4 ein starkes Zentrum zu verschaffen. Zunächst droht ihm aber das Schach der feindlichen Dame auf h 4. Spielt er, um dies zu verhindern,

3. S g 1 — f 3

so heißt die Eröffnung *Königsspringergambit*. Die beste Antwort darauf ist

3. g 7 — g 5

und wird als *regelmäßige Verteidigung* bezeichnet. — Weiß hat hierauf zwei gute Fortsetzungen:

4. h 2 — h 4 (oder L f 1 — c 4)

Mit dem ersten Zuge wird der Gambitbauer, mit dem andern f 7 angegriffen. In jedem Falle ist die *beste* Antwort für Schwarz

4. g 5 — g 4.

Je nachdem nun der angegriffene Springer nach g 5 (Allgaiergambit) oder e 5 (Kieseritzkigambit) geht, oder preisgegeben wird (indem Weiß im Interesse eines starken Angriffs 0—0 spielt, Muziogambit) usw., entstehen hier zahlreiche Spielweisen, die nach dem Namen ihrer wirklichen und angeblichen Erfinder benannt werden.

Weiß kann aber auch im 3. Zuge statt S g 1 — f 3, L f 1 — c 4 spielen und dann wird die Eröffnung *Königsläufergambit* genannt. Schwarz ist hier nicht behindert, auf h 4 Schach zu geben, doch ist es für Weiß ungefährlich.

3. L f 1 — c 4	3. D d 1 — h 4 +
4. K e 1 — f 1	

Der Verlust der Rochade wird für Weiß dadurch aufgewogen, daß die schwarze Dame im Laufe des Spiels zurückgedrängt und so ein Tempo gewonnen wird. (Siehe Meisterpartien, 8. Partie.)

Wem der mit der Annahme des Königsgambits verbundene Angriff des Gegners zu gefährlich erscheint, der kann es ohne Nachteil ablehnen, am besten mit L f 8 — c 5 (vgl. Meisterpartien, 9. Partie), oder mit d 7 — d 5, auch S g 8 — f 6 ist einwandfrei.

Geschlossene Spiele

Die geschlossenen Spiele gehören im allgemeinen zu den vorsichtigeren Eröffnungen. Wer sich als Nachziehender den in offenen Spielen meist erfolgenden heftigen Angriffen des Weißen nicht aussetzen will, tut gut, eine dieser letzten Fortsetzungen zu wählen. Insbesondere ist die französische Eröffnung da empfehlenswert, die von manchen sogar als die für Schwarz sicherste Spielweise bezeichnet wird.

Damengambit

1. d 2 — d 4	1. d 7 — d 5
2. c 2 — c 4	

Diese Eröffnung, die auch gut und sicher ist, wird Damengambit genannt. Schwarz kann das Gambit entweder mit e 7 — e 6 (oder e 7 — e 5 oder c 7 — c 6 oder S b 8 — c 6) ablehnen, oder es annehmen mit:

	2. d 5 × c 4

Wenn Weiß aber dann durch e 2 — e 3 (oder e 2 — e 4) den Bauer c 4 angreift, muß er auf dessen Verteidigung verzichten, da er sich nicht halten läßt, Schwarz aber durch seine Verteidigungsversuche stets in Nachteil kommt.

Damenbauerspiel

1. d 2 — d 4	1. d 7 — d 5

Französische Eröffnung

1. e 2 — e 4	1. e 7 — e 6

Hier liegt der Gedanke zugrunde, den Punkt f 7 Angriffen weniger zugänglich zu machen. Es wird am besten fortgefahren mit:

2. d 2 — d 4	2. d 7 — d 5
3. e 4 × d 5	

Ebensogut ist S b 1 — c 3. (Vgl. Meisterpartien, 10. Partie.)

	3. e 6 × d 5
4. S g 1 — f 3	4. S g 8 — f 6
5. L f 1 — d 3	5. L f 8 — d 6
6. 0—0	6. 0—0

Damit sind beide Spiele gut entwickelt.

Damenbauer gegen Königsbauer

1. e 2 — e 4	1. d 7 — d 5

Sizilianische Eröffnung

1. e 2 — e 4	1. c 7 — c 5

Endspiele

In sehr vielen Fällen gelingt es keinem der Gegner, den andern matt zu machen, während noch starke Streitkräfte vorhanden sind, sondern in langem Ringen geht eine Figur nach der andern verloren, bis beiderseits nur noch wenige Steine übrig sind. Für diese Fälle ist es für den Schachspieler wichtig, zu wissen, ob und in welcher Weise mit einzelnen oder wenigen Figuren ein Matt erzwungen werden kann, und welches Verfahren dabei am schnellsten zum Ziele führt. Es gibt kaum etwas Lästigeres beim Schachspiel, als wenn ein Spieler am Ende einer Partie ein Übergewicht an Streitkräften besitzt, das hinreichend ist, den Gegner matt zu setzen, womöglich in wenigen Zügen matt zu setzen, und er weiß nicht, wie er es anzugreifen hat. So entsteht dann ein langes Hin- und Herziehen, bis endlich ein günstiger Zufall eine Mattstellung herbeiführt, meistens ein blindes Matt (s. S. 16). Oft aber entsteht auch statt des Matts ein Patt (s. S. 13). Daher muß jeder Schachspieler sich damit vertraut machen, welches Verfahren bei gewissen einfachen Stellungen, die oft vorkommen, zum Matt führt. Es ist das natürlich ebenso wichtig, als zu wissen, wie man eine Partie gut zu beginnen hat. Bei der unendlichen Mannigfaltigkeit des Schachspiels können wir freilich nur die wichtigsten Fälle betrachten.

Im Nachstehenden wird stets vorausgesetzt, daß *zwei* Könige auf dem Brette sind, wenn auch meist der Kürze wegen nur einer genannt wird. Sonstige Steine außer den genannten dürfen nicht auf dem Brette sein.

Die Dame

gegen den bloßen König kann das Matt leicht erzwingen. Der feindliche König wird entweder durch die Dame allein, oder durch diese mit Hilfe des Königs auf ein Randfeld gedrängt und dort von der Dame unter Deckung des Königs matt gesetzt. Aus folgendem Beispiel wird man leicht das einfache Verfahren für alle Fälle ableiten können. Aus dem gewählten Beispiel ersieht man gleichzeitig, wie die Dame allein imstande ist, den König auf ein Randfeld zu drängen. Die Stellung sei folgende:

Weiß: König auf g 4, Dame auf g 3.

Schwarz: König auf c 4.

Weiß ist am Zuge.

1. D g 3 — d 6	1. K c 4 — c 3	5. D e 3 — d 3	5. K b 2 — a 2
2. D d 6 — d 5	2. K c 3 — b 2	6. D d 3 — c 3	6. K a 2 — b 1
3. D d 5 — d 4	3. K b 2 — c 2	7. D c 3 — d 2	7. K b 1 — a 1
4. D d 4 — e 3	4. K c 2 — b 2		

Der König ist nun auf einer Randreihe, die er nicht mehr verlassen kann. Ganz falsch wäre es, nun D d 2 — c 2 zu spielen, denn dann wäre der König *patt* und somit die Partie unentschieden, remis. *Daß Patt vermieden wird, darauf muß man in allen Endspielen besonders acht geben*, zumal manche Gegner es als letzten Rettungsanker betrachten, den stärkeren Gegner zum patt machen zu verleiten, man nennt das „auf Patt spielen".

8. K g 4 — f 4	8. K a 1 — b 1

Während der schwarze König gezwungen ist, zwischen a 1 und b 1 hin und her zu ziehen, eilt der weiße König herbei, um das Matt erzwingen zu helfen.

9. K f 4 — e 3	9. K b 1 — a 1
10. K e 3 — d 3	10. K a 1 — b 1
11. K d 3 — c 3	11. K b 1 — a 1
12. D d 2 — b 2 + matt.	

Ein Turm

gegen den bloßen König erzwingt leicht und schnell das Matt. Der König muß auf eine Randreihe gedrängt werden. *Mattstellung* ist in zweifacher Weise möglich: 1. Wenn der feindliche König auf einem *Eckfeld* steht, und der eigene König ihm um einen Springerzug entfernt steht, während der Turm auf der Randreihe Schach gibt, von der der eigene König am weitesten entfernt ist, z. B.: Schwarz K a 8, Weiß K b 6, Weiß T f 8 oder Schwarz K a 8, Weiß K c 7, Weiß T a 4. 2. Wenn die Könige in *Opposition* (d. h. mit einem Felde Zwischenraum einander gerade gegenüber) stehen und der Turm Schach bietet. Wie solche Stellungen herbeigeführt werden können, kann man leicht aus folgendem Beispiel ersehen:

Weiß: König auf e 4, Turm auf h 1.

Schwarz: König auf c 7.

1. T h 1 — h 5	1. K c 7 — d 6
2. T h 5 — e 5	2. K d 6 — c 6

Die Turmlinien sind für den König unüberschreitbar, und so kann er Schritt um Schritt zurückgedrängt werden. Der eigene König dient zur Deckung des Turms und hilft Felder absperren.

3. T e 5 — d 5	3. K c 6 — c 7
4. K c 4 — d 4	4. K c 7 — c 6
5. K d 4 — c 4	5. K c 6 — b 6
6. T d 5 — c 5	

Nicht etwa nach b 5 mit Schach. Der schwarze König würde dann nach c 6 entweichen. *Zweckloses Schachbieten ist zu vermeiden* in den Endspielen wie auch sonst.

	6. K b 6 — b 7
7. K c 4 — b 5	7. K b 7 — a 7
8. T c 5 — c 7 +	8. K a 7 — a 8 (oder b 8)
9. K b 5 — b 6	9. K a 8 — b 8

Wenn vorher schon der König nach b 8 gegangen ist, so muß er jetzt nach a 8 und es folgt T c 7 — c 8 + matt.

10. T c 7 — c 6

Der Turm kann auch nach einem beliebigen andern Feld der c-Reihe gehen. Dieser Zug geschieht nur, um den Gegner auch zum Ziehen und dadurch zur Verschlechterung seiner Stellung zu nötigen. Man hat dafür den Ausdruck *Zugzwang*. (Nicht zu verwechseln mit *Zwangzug*, wenn der Spieler keinen andern Zug hat.) Der nächste Zug des Schwarzen ist z. B. ein Zwangzug.

	10. K b 8 — a 8
11. T c 6 — c 8 + matt.	

Im Vorstehenden sind die Züge des Schwarzen nicht alle Zwangzüge, oder wie man auch zu sagen pflegt, sie sind nicht *forciert*, erzwungen. Aber auch andre wären nicht imstande, das Schicksal des Königs zu ändern oder auch nur wesentlich hinauszuschieben, wie Versuche sofort zeigen werden. Das angeführte Beispiel wird genügen, um zu zeigen, wie man zu verfahren hat.

Zwei Läufer

Mit *einem* Läufer kann *nie*, mit *zwei* Läufern dagegen *immer* Matt erzwungen werden, jedoch nur in einer *Ecke* des Brettes, entweder auf dem Eckfelde selbst oder auf einem der daran stoßenden Randfelder.

Es hat auch keine Schwierigkeit, den König in eine solche Ecke zu drängen. Zu diesem Zweck muß man ihn zuerst auf eine Randreihe treiben. Man beachte, daß *zwei* nebeneinanderstehende Läufer schräg nach allen Seiten hin für den feindlichen König unüberschreitbare Linien ziehen. Es wird von jeder Stellung aus leicht gelingen, den feindlichen König mit Hilfe des eigenen in einem der so entstehenden Winkel immer mehr und mehr einzuengen und an den Rand zu drängen. Wie man etwa dabei zu verfahren hat, zeigt folgendes Beispiel:

Weiß: K g 2 , L a 5 und h 7.
Schwarz: K e 6.

1. L h 7 — e 4	1. K e 6 — e 5
2. K g 2 — f 3	

Es empfiehlt sich, stets den eigenen König sobald als möglich zur Deckung der Läufer heranzuholen. Der Gegner wird natürlich stets bestrebt sein, die Läufer anzugreifen, daneben aber auch, sich so gut als möglich vom Rand des Brettes fernzuhalten.

	2. K e 5 — d 4
3. L a 5 — b 6 +	

Der König muß sich jetzt entscheiden, auf welche Seite der von beiden Läufern gebildeten schrägen Linie (noch ist es kein Winkel) er sich begeben will. Er kann nach c 3 oder c 4 gehen, dann spielt Weiß L b 6 — e 3 und er ist auf die zwischen c 4, c 3, a 1 und a 6 liegenden Felder beschränkt, oder

	3. K d 4 — e 5
4. L b 6 — e 3 und er ist auch eingeschlossen.	
	4. K e 5 — f 6
5. L e 3 — f 4	

Ginge der König nach e 6 oder d 6, spielte Weiß L e 3 — d 4 usw.

	5. K f 6 — e 6
6. K f 3 — g 4	6. K e 6 — f 6
7. L e 4 — f 5	7. K f 6 — f 7
8. L f 4 — g 5	8. K f 7 — g 7
9. K g 4 — h 5	9. K g 7 — f 7
10. K h 5 — h 6	10. K f 7 — e 8
11. K h 6 — g 6	

Dieser Zug ist wichtig. Der König ist nun auf die Randfelder e 8 — h 8 beschränkt, die ihm der Reihe nach genommen werden. Der weiße König durfte keineswegs nach g 7, sonst wäre *Patt* gewesen.

		11. K e 8 — f 8
12. L f 5 — d 7	Um e 8 zu sperren.	
		12. K f 8 — g 8
13. L g 5 — e 7	Was sperrt dieser Zug?	
		13. K g 8 — h 8 (s. Fig. 12)

Achtung! Welcher Zug darf nun nicht geschehen? L d 7 — e 6, denn dann wäre Patt. Es muß wieder Zugzwang geübt werden. Weiß kann zu dem Zweck entweder den weißen Läufer auf irgendein Feld der Linie e 8 — a 4 ziehen, so daß er im nächsten Zuge dem schwarzen König auf g 8 Schach geben kann, oder den schwarzen Läufer, jedoch so, daß er immer noch das Feld f 8 deckt, damit der schwarze König, wenn ihm auf g 8 Schach geboten wird, nicht dorthin ausweichen kann. Also z. B.:

14. L e 7 — a 3	14. K h 8 — g 8
15. L d 7 — e 6 +	15. K g 8 — h 8
16. L a 3 — b 2 + matt.	

Wie oben erwähnt, läßt sich nicht nur auf dem Eckfelde selbst, sondern auch auf einem der beiden breit anstoßenden Felder mit zwei Läufern Matt erzwingen. Nehmen wir die Stellung nach obigem 13. Zuge (s. Fig. 12) an.

Stellung nach dem 13. Zug der Schwarzen

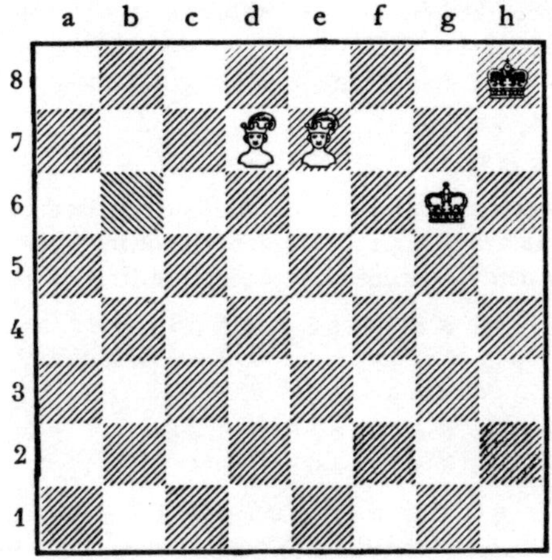

Fig. 12

14. L e 7 — g 5	14. K h 8 — g 8
15. L g 5 — h 6	15. K g 8 — h 8
16. L h 6 — g 7 +	16. K h 8 — g 8
17. L d 7 — e 6 + matt.	

Mit diesem Endspiel muß ein Schachspieler wohl vertraut sein, desgleichen mit dem noch schwierigeren folgenden.

Läufer und Springer

Obwohl Läufer und Springer im allgemeinen als gleich stark gelten können, bei dichten Stellungen sogar der Springer bessere Dienste leistet, wird im Endspiel der Läufer als stärker gelten müssen. Während nämlich, wie wir gesehen haben, zwei Läufer Matt erzielen können, können es *zwei Springer* im allgemeinen *nicht*. Wohl gibt es einige wenige eigenartige Stellungen, in denen es erzwungen werden kann, mit denen brauchen wir uns aber nicht zu beschäftigen. Dagegen sind aber ein Läufer und ein Springer imstande, Matt zu erzwingen, jedoch nur, nachdem sie den König in eine Ecke gedrängt haben, deren Eckfeld die *Farbe des Läufers* hat. Dies ist aber nur dadurch möglich, daß man den Springer geschickt so benutzt, daß er die Stelle des Läufers gewissermaßen vertritt und dem König die Felder von anderer als des Läufers Farbe abschneidet. Nähere Regeln darüber lassen sich nicht geben. Folgendes Beispiel soll das Verfahren zeigen, *eifrige Übung* muß das übrige tun. Hier ganz besonders ist große Überlegung nötig.

Weiß: K c 4, S h 6, L h 2.

Schwarz: K d 7.

In jedem Falle gilt es zunächst, alle Figuren zusammen und in die Nähe des feindlichen Königs zu bringen. Dieser muß bestrebt sein, sich möglichst von den Ecken mit schwarzen Feld fern zu halten.

1. S h 6 — f 5	1. K d 7 — c 6	6. S d 4 — e 6	6. K a 6 — b 7
2. S f 5 — d 4 +	2. K c 6 — b 6	7. L c 7 — d 8	7. K b 7 — a 6
3. K c 4 — b 4	3. K b 6 — a 6	8. K c 5 — c 6	8. K a 6 — a 7
4. K b 4 — c 5	4. K a 6 — a 7	9. L d 8 — b 6 +	9. K a 7 — a 8
5. L h 2 — c 7	5. K a 7 — a 6		(s. Fig. 13)

Auf K a 7 — a 6 folgt S e 6 — c 5 oder c 7 + matt. Es gibt also *Mattstellungen*, auch ohne daß der König in einer Ecke ist; aber diese lassen sich nicht *erzwingen*.

Auch wenn der König nach b 8 geht, kann er nicht entrinnen, wie ein Versuch lehren wird. Es können hier unmöglich alle Varianten untersucht werden. Hier ist zu beachten, wie der König aus einer solchen ihm günstigen Ecke hinaus in die andere von der Farbe des Läufers getrieben wird.

Stellung nach dem 9. Zug der Schwarzen

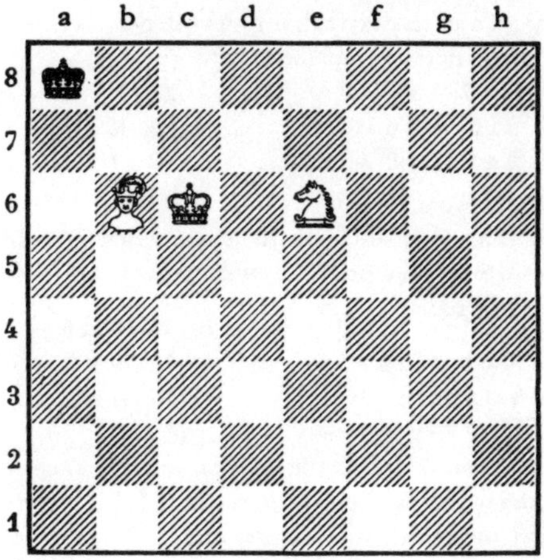

Fig. 13

10. S e 6 — c 7 +	10. K a 8 — b 8
11. L b 6 — d 4 (Zugzwang)	11. K b 8 — c 8
12. L d 4 — a 7 (versperrt dem König b 8)	
	12. K c 8 — d 8
13. S c 7 — d 5	13. K d 8 — c 8 (oder A)
14. S d 5 — e 7 +	14. K c 8 — d 8
15. K c 6 — d 6	15. K d 8 — e 8
16. K d 6 — e 6	16. K e 8 — d 8

Der König will sich von der h-Ecke fernhalten. Ein Versuch, über f 8 und g 7 durchzubrechen, würde durch S e 7 — f 5 vereitelt werden. Versuchs! Aber mit guter Überlegung.

17. L a 7 — b 6 +	17. K d 8 — e 8
18. L b 6 c 7	18. K e 8 — f 8
19. S e 7 — f 5	19. K f 8 — e 8
20. S f 5 — g 7 +	20. K e 8 — f 8

21. K e 6 — f 6 21. K f 8 — g 8

22. K f 6 — g 6. Beachte, wie der weiße König den schwarzen durch Opposition auf der Randreihe festhält.

22. K g 8 — f 8

23. L c 7 — d 6 + 23. K f 8 — g 8

24. L d 6 — e 7 24. K g 8 — h 8

Der König ist nun in der verhängnisvollen Ecke. Achtung, wie nun Matt erreicht wird. Patt vermeiden!

25. S g 7 — f 5 25. K h 8 — g 8

26. S f 5 — h 6 + 26. K g 8 — h 8

27. L e 7 — f 6 + matt.

A.

Der König kann aber auch im 13. Zuge einen Durchbruchsversuch nach der andern Seite machen. Er wird jedoch bei richtigem Gegenspiel keinen Erfolg haben. Z. B.:

13. K d 8 — e 8

14. K c 6 — d 6 14. K e 8 — f 7

15. S d 5 — e 7 15. K f 7 — f 6

16. L a 7 — e 3

Wohl zu beachten. Durch die beiden letzten Züge (Springer und Läufer) wird dem König der Weg nach h 1 hin abgeschnitten, der Springer vertritt dabei gewissermaßen die Stelle eines weißen Läufers.

16. K f 6 — f 7

Auf K f 6 — g 7 folgt K e 6 — d 6 usw.

17. L e 3 — d 4 17. K f 7 — e 8

18. K d 6 — e 6 18. K e 8 — d 8

Durchbruchsversuch nach a 8 hin.

19. L d 4 — b 6 + 19. K d 8 — e 8

20. L b 6 — c 7

Damit ist die Stellung erreicht, wie oben nach dem 18. Zuge von Weiß und das Matt kann in derselben Weise erzwungen werden.

Mit diesen Zügen mußt du dich nun sehr vertraut machen, und alle möglichen Variationen auch mit einem weißen Läufer durchspielen. Du wirst dann auch finden, daß sich ebenso auf den an das Eckfeld anstoßenden Feldern Mattstellung erzwingen läßt.

Figuren auf beiden Seiten

Aus der großen Mannigfaltigkeit dieser Fälle wollen wir nur die wichtigsten herausgreifen, aus denen man auch leicht wird entnehmen können, wie man in andern Fällen sich am günstigsten verhalten dürfte.

1. *Dame gegen Dame* bleibt remis.

2. *Dame gegen Turm* gewinnt fast immer.

3. *Dame gegen zwei Türme* bleibt meistens remis.

4. *Dame gegen zwei Figuren* gewinnt meistens. Wenn man sich mit zwei Figuren gegen eine Dame zu verteidigen hat, muß man darauf achten, die Figuren in der Nähe des eigenen Königs zu halten, damit sie nicht so leicht von der Dame abgefangen werden können. Wenn möglich, suche man sie auch so zu placieren, daß dem feindlichen König die Annäherung an den eigenen abgeschnitten wird. So hat man am ehesten Aussicht, remis zu halten.

5. *Turm gegen leichte Figur* bleibt fast immer remis.

6. *Turm gegen zwei leichte Figuren* bleibt remis.

7. *Turm gegen drei leichte Figuren.* Der Turm wird meistens verlieren. Hat man mit einem Turm und einem Läufer sich gegen zwei Springer zu verteidigen, so suche man den Turm gegen den Läufer abzutauschen. Dadurch ist Remis erreicht; denn mit zwei Springern kann Matt nur ausnahmsweise erzwungen werden.

8. *Figuren gegen Bauern.* Diese Fälle lassen sich nicht gut allgemein entscheiden. Es kommt alles darauf an, wie weit die Bauern schon vorgerückt sind, ob sie einander decken usw. Bauern, die nur noch zwei Schritt oder gar nur einen von der Dame entfernt sind, haben meist große Aussicht auf *Gewinn.* Eine leichte Figur wird gegen einen oder zwei Bauern meist remis machen, gegen drei und mehr, besonders wenn sie verbunden sind, verlieren. Hat man die Bauern zu führen, so überlege man genau, ob es möglich ist, einen davon zur Dame zu bringen, ehe die feindliche Figur ihn erreichen kann, lasse dabei aber nicht die Möglichkeit feindlicher Schachs unbeachtet, durch die man gehindert wird, den Bauern vorrücken zu lassen, während die feindliche Figur vielleicht in günstigere Stellungen kommt. Ist es nicht möglich, den Bauer in wenigen Zügen zur Dame zu führen, so bringe man schnellstens die Bauern in gegenseitige Deckung oder führe den König zur Deckung heran. Hat man andrerseits mit einer leichten Figur gegen Bauern zu kämpfen, so tauscht man sie, wenn der Gegner nur *einen* Bauer hat, so bald wie möglich gegen diesen ab, oder placiert sie so, daß der feindliche Bauer beim Vorrücken von ihr genommen werden kann. Einen Läufer stellt man zu diesem Zweck möglichst entfernt auf, damit er gegen Angriffe des feindlichen Königs geschützt ist. Einen Springer decke man

gegen diese durch den eigenen König. Schwieriger ist es, wenn der Gegner noch zwei Bauern hat. Hier muß man nach der Verschiedenheit der Stellung sein Verfahren einrichten. Stehen die Bauern weit voneinander entfernt, so gelingt es meist leicht, einen davon vorweg abzufangen. Andernfalls suche man den eigenen König vor die feindlichen Bauern in eine Stellung zu bringen, daß er auch allein gegen König und Bauer remis zu machen vermag (siehe nächsten Abschnitt) und tausche dann die Figur gegen einen der Bauern ab. Bietet sich irgendwie Gelegenheit, beim Abtausch beide Bauern für die Figur zu bekommen, so ist das natürlich die einfachste Lösung.

Die Bauern im Endspiel

Der Anfänger ist sehr leicht geneigt, die Bauern für unwichtig zu halten. Nichts ist verkehrter als das. Hat doch jeder Bauer die Möglichkeit, Offizier, sogar Dame zu werden. Darauf beruht auch ihre Bedeutung im Endspiel. Der Spieler, dem es gelingt, zuerst einen Bauer in die Dame zu führen, erringt den Sieg, selbst wenn der Gegner noch den einen oder andern Offizier haben sollte. Ganz besonders wertvoll sind daher *Freibauern* (s. S. 16) und um so mehr, je weiter sie schon vorgerückt sind. Wichtig ist natürlich dabei auch die Stellung der beiden Könige. Steht der feindliche so hinter dem Bauer zurück, oder so weit entfernt, daß er ihn nicht mehr erreichen kann, bis er Dame geworden, so ist der Sieg auf seiten des Bauers, ist der feindliche König imstande, den Bauer auf seinem Gang zur Dame aufzuhalten, so ist der Ausgang zweifelhaft. Steht der eigene König zu weit entfernt, um den Bauer schützen zu können, wird dieser genommen und das Spiel bleibt remis. Aber auch wenn der König rechtzeitig zur Unterstützung seines Bauers da ist, ist das Spiel noch lange nicht gewonnen. Es gilt noch sehr geschickt zu operieren, um sich den Gewinn zu sichern. In einigen Fällen ist trotz aller Kunst bei richtigem Gegenspiel der Sieg nicht zu erzwingen. Eine große Rolle spielt dabei die Opposition (s. S. 52). Gelingt es dem Besitzer des Bauern, *Opposition zu bieten*, so gewinnt er, andernfalls bleibt die Partie unentschieden. Wenn z. B. in der Stellung, wie sie Fig. 14 zeigt, der weiße König soeben nach d 6 gegangen (also Schwarz am Zuge) ist, so hat er damit *Opposition geboten*, sich die Opposition verschafft, und Weiß gewinnt.

	1. K d 8 — c 8
2. c 6 — c 7	2. K c 8 — b 7

3. K d 6 — d 7 und der Bauer kann nicht gehindert werden, nach c 8 zu gehen und Dame zu werden. — Geht der schwarze König im 1. Zuge nach e 8, so geht der Bauer in zwei Zügen unaufhaltsam zur Dame.

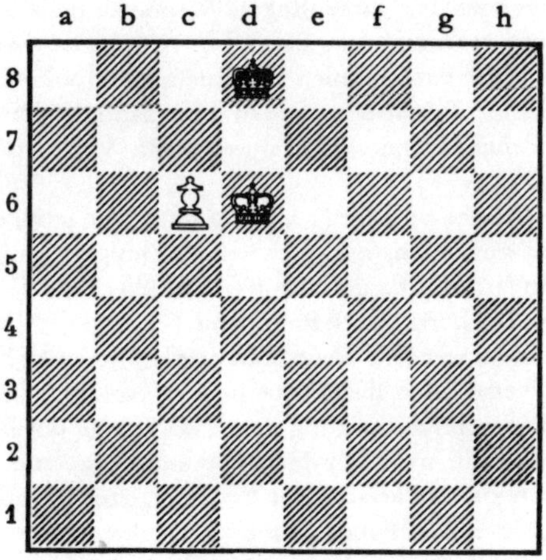

Fig. 14

Anders dagegen, wenn in derselben Stellung (s. **Fig. 14**) Schwarz die Opposition hat, also Weiß am Zuge ist.

1. c 6 — c 7 +	1. K d 8 — c 8

2. K d 6 — c 6 und Schwarz ist Patt. Daraus folgt: *das Spiel bleibt remis, wenn der Bauer Schach bietet, während er die 7. Reihe betritt.* Das merke man sich und nehme sich in acht. Macht der weiße König aber einen andern Zug, verliert der Bauer die Deckung und wird genommen.

Auch wenn statt des Bauers der König zieht, kann Schwarz remis machen, z. B. (s. Fig. 14) :

1. K d 6 — c 5	1. K d 8 — c 7	4. K b 6 — b 5	4. K b 8 — c 7
2. K c 5 — b 5	2. K c 7 — c 8	5. K b 5 — c 5	5. K c 7 — c 8
3. K b 5 — b 6	3. K c 8 — b 8	6. K c 5 — d 5	6. K c 8 — c 7

usw.

Weiß darf nicht c 6 — c 7 spielen; denn in einem Falle würde dann der Bauer geschlagen werden, im andern Falle würde Schwarz, wie vorher gezeigt, patt, also in jedem Falle bleibt das Spiel unentschieden. Diese Regel gilt natürlich nur, wenn richtig gespielt wird. Wenn falsche Züge gemacht werden, kann keine Opposition helfen. Darum die Augen auf und mit Überlegung gespielt.

Auch *Ausnahmen* hat diese Regel. Wenn nämlich ein König die 6. Reihe erreicht, während sein Bauer hinter ihm steht, so gewinnt er, ob er die Opposition hat oder nicht. Versuchs! Und *weder Regel noch Ausnahme* gelten für die *Turmbauern*. Gegen diese kann der feindliche König *immer remis* machen, wenn er vor ihnen steht. Versuchs! Es ist nicht schwer.

Wenn nun *Bauern auf jeder Seite* übrig geblieben sind, so werden die Aussichten, zu gewinnen, natürlich sehr mannigfaltig. Man kann sie nicht in Regeln fassen. Es gilt dabei wohl zu überlegen. Vor allem muß der König zur Deckung der Bauern und Fernhaltung des feindlichen Königs gut benutzt werden. Wenn man keinen Freibauer hat, suche man sich einen zu verschaffen durch geschicktes Abtauschen oder Opfern von Bauern. Die richtige Führung und Verwertung der Bauern ist eine schwierige Kunst, die man sich durch Übung aneignen muß; sie bringt aber, wenn man sie sich angeeignet hat, auch große Vorteile mit sich. Ein Beispiel, wie einem Bauer durch geschickte Opfer der Weg zur Dame freigemacht wird, bietet folgende von dem Schachmeister Kieseritzky in einer französischen Fachzeitschrift angegebene Stellung:

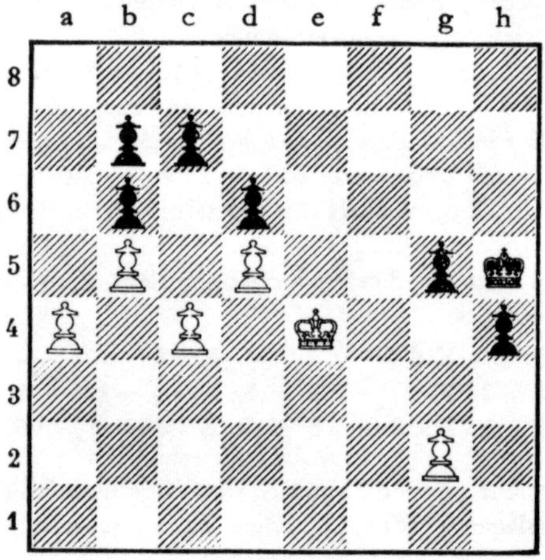

Fig. 15

1. c 4 — c 5	1. b 6 × c 5 oder (A oder B)

In jedem Falle antwortet Weiß:

2. a 4 — a 5	2. c 5 — c 4
3. a 5 — a 6	3. b 7 × a 6
4. b 5 × a 6	4. c 4 — c 3
5. K e 4 — d 3	

Der schwarze Bauer kann die letzte Reihe nicht erreichen und wird erobert, während der weiße a-Bauer nach zwei Schritten Dame wird und das Spiel gewinnt.

A.

1. c 4 — c 5	1. d 6 × c 5
2. a 4 — a 5	2. b 6 × a 5
3. b 5 — b 6	3. c 7 × b 6

Damit ist für den d-Bauer der Weg zur Dame frei. Falls c 7 nicht nimmt, folgt b 6 × c 7; falls c 7 — c 6, so gewinnt d 5 — d 6.

B.

1. c 4 — c 5	1. g 5 — g 4
2. a 4 — a 5	2. h 4 — h 3
3. g 2 × h 3	3. g 4 × h 3
4. K e 4 — f 3	

Wichtig! Der h-Bauer wird nun festgehalten. Wenn er vorrückt, geht der weiße König nach g 2 und erobert ihn. Erfolglos ist auch 4. K h 5 — h 4.

	4. b 6 × a 5

Auf b 6 × c 5 oder d 6 × c 5 folgt a 5 — a 6 mit leicht zu findender Fortsetzung.

5. b 5 — b 6	5. c 7 × b 6
6. c 5 — c 6	6. b 7 × c 6
7. d 5 × c 6 usw.	

Auf noch andere mögliche Spielweisen von Schwarz sind hienach die gewinnenden Gegenzüge leicht zu finden. Es handelt sich stets darum, einen Bauer zum Freibauer zu machen.

Meister- und Musterpartien

1. Italienische Partie

Schiffers *	Harmonist *
1. e 2 — e 4	1. e 7 — e 5
2. S g 1 — f 3	2. S b 8 — c 6
3. L f 1 — c 4	3. L f 8 — c 5
4. c 2 — c 3	4. S g 8 — f 6
5. d 2 — d 4	5. e 5 × d 4
6. c 3 × d 4	6. L c 5 — b 4 +
7. L c 1 — d 2	7. L b 4 × d 2 +
8. S b 1 × d 2	8. d 7 — d 5
9. e 4 × d 5	9. S f 6 × d 5
10. D d 1 — b 3	10. S c 6 — e 7
11. 0—0	11. 0—0
12. T f 1 — e 1	12. c 7 — c 6
13. a 2 — a 4 Um b 7 — b 5 zu verhüten.	
	13. D d 8 — c 7
14. T a 1 — c 1	14. S d 5 —f 4
15. S f 3 — g 5	

Hiermit nimmt ein glänzender, erfolgreich durchgeführter Angriff seinen Anfang, dessen elegante Durchführung dem Sieger einen Sonderpreis für die glänzendste Spielweise (auf dem Frankfurter Turnier) eintrug.

15. S e 7 — g 6 (s. Fig. 16)

16. T e 1 — e 8

Ein überraschender Zug von weittragenden Folgen, die auch der Gegner nicht erkannt hat, sonst hätte er es wohl vorgezogen, sich hier durch L c 8 — e 6 unter Verlust eines Bauers zu retten.

	16. T f 8 × e 8
17. L c 4 × f 7 +	17. K g 8 — h 8
18. L f 7 × e 8	18. S f 4 — e 2 +
19. K g 1 — h 1	19. S e 2 × c 1
20. S g 5 — f 7 +	20. K h 8 — g 8
21. S f 7 — h 6 ++	21. K g 8 — f 8
22. D b 3 — g 8 +	22. K f 8 — e 7
23. L e 8 × g 6	23. h 7 × g 6
24. D g 8 × g 7 +	24. K e 7 — d 8
25. D g 7 — f 8 +	25. K d 8 — d 7
26. S d 2 — e 4	

* Die Namen der Schachmeister, von denen die Partien gespielt worden sind.

Auf welche Weise sich Schwarz auch gegen das jetzt drohende Matt durch S e 4 — c 5 + verteidigen mag, es läßt sich Verlust der Dame oder Matt in wenigen Zügen nicht vermeiden.

	26. D c 7 — d 8
27. D f 8 — d 6 +	27. K d 7 — e 8
28. S e 4 — f 6 +	Aufgegeben, da die Dame verloren geht.

Stellung nach dem 15. Zug der Schwarzen

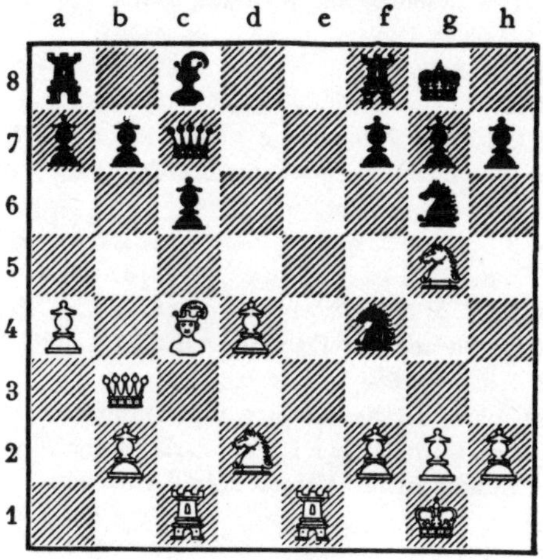

Fig. 16

2. Evansgambit

Anderssen	Dufresne		
1. e 2 — e 4	1. e 7 — e 5	4. b 2 — b 4	4. L c 5 × b 4
2. S g 1 — f 3	2. S b 8 — c 6	5. c 2 — c 3	5. L b 4 — a 5
3. L f 1 — c 4	3. L f 8 — c 5	6. d 2 — d 4	6. e 5 × d 4
		7. 0—0	7. d 4 — d 3

Statt mit d 4 × d 3 noch einen Bauern zu erobern, wodurch sich Schwarz allerdings äußerst gefährlichem Angriff aussetzen würde, gibt er einen Bauer preis, um den Angriff zu schwächen. Weiß verschiebt jedoch die Wegnahme des Bauers auf gelegenere Zeit und setzt den Angriff fort.

8. D d 1 — b 3	8. D d 8 — f 6

9. e 4 — e 5 | 9. D f 6 — g 6

10. T f 1 — e 1

Dadurch wird d 7 — d 6 verhindert, weil darauf e 5 × d 6 + folgte.

10. S g 8 — e 7

11. L c 1 — a 3

Die Aufstellung des Damenläufers auf a 3 ist ein im Evansgambit wichtiger, häufig angewandter Angriffszug.

11. b 7 — b 5

Schwarz opfert diesen Bauer, um Turm und Läufer ins Spiel bringen zu können.

12. D b 3 × b 5 | 12. T a 8 — b 8

13. D b 5 — a 4 | 13. L a 5 — b 6

Damit auf L a 3 × e 7 S c 6 × e 7 (statt K e 8 × e 7, wodurch die Rochade verloren wäre) geantwortet werden kann, ohne daß der schwarze Läufer verloren geht.

14. S b 1 — d 2 | 14. L c 8 — b 7

15. S d 2 — e 4 | 15. D g 6 — f 5

16. L c 4 × d 3 | 16. D f 5 — h 5

Es drohte Eroberung der Dame durch S e 4 — d 6 +

17. S e 4 — f 6 +

Der Beginn einer der herrlichsten Opferkombinationen, die je erdacht worden sind. Dem Turm e 1 wird so die Angriffslinie freigemacht und der Bauer nimmt auf f 6 tätigen Anteil am Sieg.

17. g 7 × f 6

18. e 5 × f 6 | 18. T h 8 — g 8 (s. Fig. 17)

19. T a 1 — d 1

Die Bedeutung dieses Zuges wird erst später klar. Zunächst sieht er wie ein Fehler aus, da er den Springer preisgibt und Schwarz starken Angriff gewährt.

19. D h 5 × f 3

Welch drohende Stellung nimmt Schwarz ein, und doch ist er unrettbar verloren!

20. T e 1 × e 7 + | 20. S c 6 × e 7

Auch Ablehnung des Opfers bot keine Rettung.

21. D a 4 × d 7 + | 21. K e 8 × d 7

22. L d 3 — f 5 +

Das enthüllte Geheimnis des Turmzuges ist dieses Doppelschach.

22. K d 7 — e 8

Auf K d 7 — c 6 folgt L f 5 — d 7 + matt.

23. L f 5 — d 7 +	23. K e 8 — f 8 (d 8)
24. L a 3 × e 7 + matt.	

Diese geniale Partie wurde von dem großen Schachmeister Steinitz als „Immergrün im Lorbeerkranze des größten deutschen Schachmeisters“ (Anderssens) bezeichnet. Anderssen († 1879) war Professor der Mathematik am Friedrichsgymnasium in Breslau. (Vgl. 8. Partie.)

Stellung nach dem 18. Zug der Schwarzen

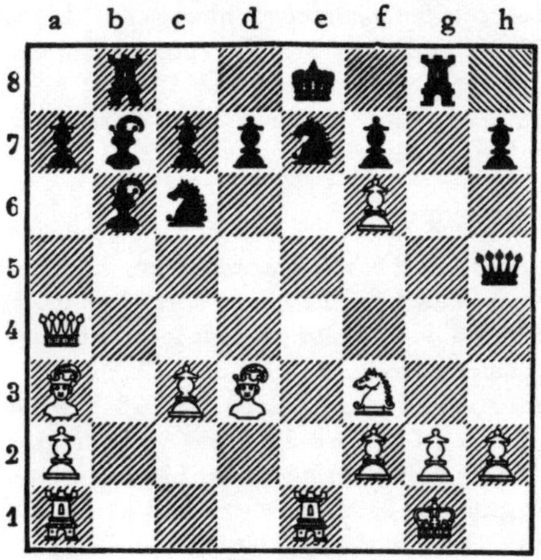

Fig. 17

3. Spanische Partie

M. Weiß	Pollock
1. e 2 — e 4	1. e 7 — e 5
2. S g 1 — f 3	2. S b 8 — c 6
3. L f 1 — b 5	3. a 7 — a 6
4. L b 5 — a 4	4. S g 8 — f 6
5. d 2 — d 3	5. b 7 — b 5

(Vgl. im Abschnitt: Eröffnungen „Spanische Partie“.)

6. L a 4 — b 3	6. L f 8 — c 5
7. c 2 — c 3	7. d 7 — d 5
8. e 4 × d 5	8. S f 6 × d 5
9. D d 1 — e 2	9. 0—0

Beide Spiele sind gut entwickelt.

10. D e 2 — e 4

Der Bauer e 5 darf nicht genommen werden. Auf 10. S f 3 × e 5 würde S c 6 × e 5 folgen, und wenn 11. D e 2 × e 5, würde T f 8 — e 8 die Dame gewinnen.

10. L c 8 — e 6

11. S f 3 × e 5

Der Bauer kann nun ohne Gefahr für die Dame genommen werden. Der Zug ist aber trotzdem nicht empfehlenswert. Die Verschlechterung der weißen Stellung wiegt den eroberten Bauer nicht auf. Der Springer wäre besser nach g 5 gegangen, wodurch D e 4 × h 7 + matt drohte. Spielte Schwarz dann zur Abwehr g 7 — g 6, so tauschte Weiß den Springer gegen den Läufer e 6.

	11. S c 6 × e 5
12. D e 4 × e 5	12. S d 5 — b 4

Der Springer droht d 3, mit gleichzeitigem Angriff auf König und Dame, zu nehmen. Geschlagen kann er aber ohne Nachteil nicht werden; denn auf 13. c 3 × b 4 folgt c 5 × b 4 +. Wird das Schach durch Springer und Läufer gedeckt, so wird durch L e 6 × b 3 die geopferte Figur mit gutem Spiel zurückgewonnen, weil a 2 × b 3 nicht geschehen darf, da sonst durch T f 8 — e 8 die Dame verloren ginge. Hätte Weiß aber statt das Schach durch Springer oder Läufer zu decken, den König aus der e-Linie gezogen, hätte Schwarz einen überwältigenden Angriff bekommen durch D d 8 × d 3 +. Darum lehnt Weiß am besten das angebotene Springeropfer ab und spielt:

13. 0—0	13. S b 4 × d 3
14. D e 5 — h 5	14. L e 6 × b 3
15. a 2 × b 3	15. T f 8 — e 8

Es droht nun S d 3 × f 2 mit nachfolgendem Matt durch T e 8 — e 1, falls T f 1 × f 2 die Antwort ist.

16. S b 1 — d 2, um eventuell den Springer beim Turmschach auf e 1 dazwischen setzen zu können.

	16. D d 8 — e 7
17. b 3 — b 4	17. L c 5 × f 2 +
18. K g 1 — h 1	

Wenn 18. T f 1 × f 2, S d 3 × f 2, 19. K g 1 × f 2, D e 7 — e 3 +, 20. K f 2 — f 1, D e 3 — e 1 + matt.

18. D e 7 — e 1 (s. Fig. 18)

Wenn der Turm die Dame nimmt, folgt natürlich Matt in zwei Zügen durch T e 8 × e 1 +, 20. S d 2 — f 1, T e 1 × f 1 +. Darum muß dem König zunächst ein Ausweg geschaffen werden durch

Stellung nach dem 18. Zug der Schwarzen

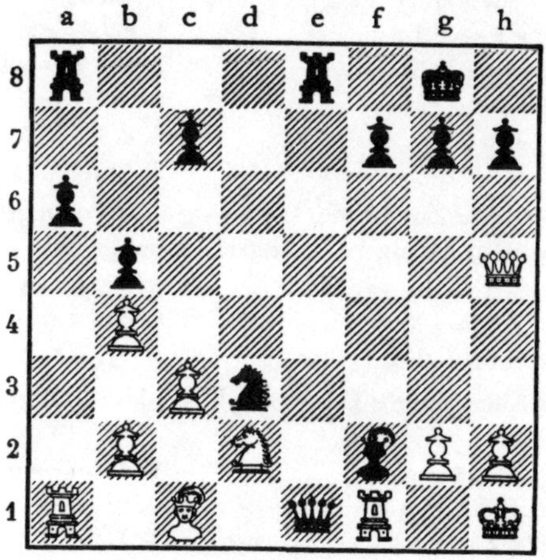

Fig. 18

19. h 2 — h 3	19. S d 3 × c 1

Mit gutem Grund gibt Schwarz die Dame für Turm und Läufer hin.

20. T f 1 × e 1	20. T e 8 × e 1 +
21. K h 1 — h 2	21. L f 2 — g 1 +
22. K h 2 — g 3	22. T e 1 — e 3 +
23. K g 3 — g 4	

Wenn hier S d 2 — f 3, so wurde durch S c 1 — e 2 + baldiges Matt erzwungen.

	23. S c 1 — e 2
24. S d 2 — f 1	24. g 7 — g 6

Die geschickte Verwendung der Bauern und des Königs führt die Entscheidung herbei.

25. D h 5 — d 5	25. h 7 — h 5 +
26. K g 4 — g 5	26. K g 8 — g 7
27. S f 1 × e 3	27. f 7 — f 6 +

Hienach gab Weiß mit Recht die Partie auf. Es blieb auch nur übrig:

28. K g 5 — h 4	28. L g 1 — f 2 +
29. g 2 — g 3	29. L f 2 × g 3 + **matt.**

4. Spanische Partie

Schallopp	Harmonist
1. e 2 — e 4	1. e 7 — e 5
2. S g 1 — f 3	2. S b 8 — c 6
3. L f 1 — b 5	3. a 7 — a 6
4. L b 5 × c 6	4. d 7 × c 6
5. 0—0	5. D d 8 — f 6

Der gewöhnliche Zug ist hier L c 8 — g 4. Mit dem gewählten sucht Schwarz mit gutem Erfolg zum Angriff überzugehen.

6. d 2 — d 4	6. e 5 × d 4
7. e 4 — e 5	7. D f 6 — g 6
8. S f 3 × d 4	8. L c 8 — h 3

Es droht Matt durch D g 6 × g 2 +. Merke dir diese häufige Angriffsstellung.

9. D d 1 — f 3	9. L h 3 — g 4
10. D f 3 — g 3	10. 0—0—0
11. c 2 — c 3	11. L f 8 — c 5
12. L c 1 — e 3	12. S g 8 — e 7
13. h 2 — h 3	

Mit S d 4 × c 6 konnte Weiß hier einen Bauer gewinnen. Wenn Schwarz den Springer nahm, ging sein Läufer durch L e 3 × c 5 verloren.

	13. L c 5 × d 4
14. L e 3 × d 4	14. h 7 — h 5

Schwarz opfert den Läufer, um einen starken Angriff zu bekommen. Besser war wohl L g 4 — e 2.

15. h 3 × g 4	15. h 5 × g 4
16. f 2 — f 3	

Um dem König einen Ausweg zu bieten, falls D g 6 — h 5 mit der Absicht, nach h 1 zu gehen, folgt:

	16. D g 6 — d 3
17. D g 3 × g 4 +	17. S e 7 — f 5
18. S b 1 — a 3 (s. Fig. 19)	

Um zu verhindern, daß Schwarz mit T h 8 — h 1 +, 19. K g 1 × h 1 D d 3 × f 1 + den Sieg erringt.

18. . . . T d 8 × d 4

19. c 3 × d 4 — 19. T h 8 — h 4

20. D g 4 — g 5 — 20. D d 3 × d 4 +

Stellung nach dem 18. Zug der Weißen

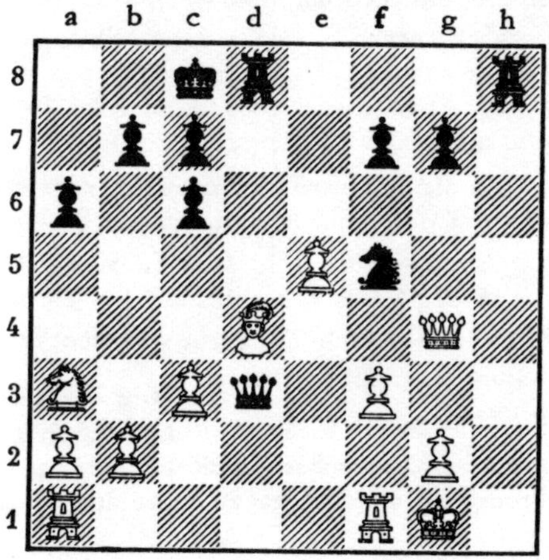

Fig. 19

21. T f 1 — f 2 — 21. D d 4 × e 5

22. f 3 — f 4 — 22. D e 5 — e 4

23. S a 3 — c 2 — 23. f 7 — f 6

24. D g 5 — g 6 — 24. T h 4 — h 6

25. D g 6 — f 7

Weit besser war, die Dame nach g 4 zu führen. Auf f 7 steht sie zu sehr abseits.

25. . . . b 7 — b 6

Um den König sofort in Sicherheit bringen zu können, falls D f 7 — f 8 + folgen sollte.

26. T a 1 — e 1 — 26. S f 5 — g 3

27. D f 7 — f 8 +

Weiß darf die Dame nicht nehmen wegen T h 6 — h 1 + matt.

27. . . . K c 8 — b 7

28. T f 2 — e 2. Unverständlich. Warum nicht nach f 3? Damit blieb Weiß Aussicht auf Gewinn. Nun folgt Matt in 2 Zügen.

	28. T h 6 — h 1 +
29. K g 1 — f 2	29. D e 4 × f 4 + matt.

5. Vierspringerspiel

(Das Vierspringerspiel ist eine Variante der „Spanischen Partie")

L. Paulsen	Harmonist
1. e 2 — e 4	1. e 7 — e 5
2. S g 1 — f 3	2. S b 8 — c 6
3. S b 1 — c 3	3. S g 8 — f 6
4. L f 1 — b 5	4. L f 8 — b 4
5. 0—0	5. 0—0
6. d 2 — d 3	6. d 7 — d 6

Bis hierher sind die Spiele ganz symmetrisch entwickelt.

7. L b 5 × c 6	7. b 7 × c 6
8. L c 1 — d 2	8. c 8 — g 4
9. h 2 — h 3	9. L g 4 — h 5
10. S c 3 — e 2	10. L b 4 × d 2
11. S f 3 × d 2	11. L h 5 × e 2
12. D d 1 × e 2	

Ein sehr lebhafter Abtausch. Die Partie wird aber trotzdem äußerst spannend.

	12. g 7 — g 6
13. f 2 — f 4	13. S f 6 — h 5

Schwarz hat diesen Zug schon durch den vorhergehenden vorbereitet. Der Springer droht nach g 3 zu gehen und die Qualität zu gewinnen.

14. f 4 — f 5

Weiß gibt damit die Qualität preis, um einen starken Angriff zu bekommen.

	14. S h 5 — g 3
15. D e 2 — g 4	15. S g 3 × f 1
16. T a 1 × f 1 (s. Fig. 20)	16. h 7 — h 5

Damit verschlechtert Schwarz seine Stellung bis zur Unhaltbarkeit. Weit besser war D d 8 — d 7 oder auch K g 8 — h 8. Dabei ging zwar Bauer g 6 verloren, aber Schwarz behauptete die gewonnene Qualität bei gesicherter Stellung. Weiß spielt nun den Schluß vortrefflich.

17. D g 4 — g 3	17. D d 8 — f 6
18. S d 2 — f 3	18. K g 8 — h 8
19. S f 3 — g 5	19. T f 8 — g 8
20. h 3 — h 4	20. T g 8 — g 7
21. T f 1 — f 3	21. T a 8 — g 8
22. D g 3 — f 2	

Alles ist zum entscheidenden Angriff und zur Verteidigung placiert.

22. D f 6 — d 8

Die Dame muß ihren Platz verlassen; denn auf f 5 × g 6 dürfte sie g 6 nicht nehmen, da sie sonst durch T f 3 — f 6 verloren ginge.

Stellung nach dem 16. Zug der Weißen

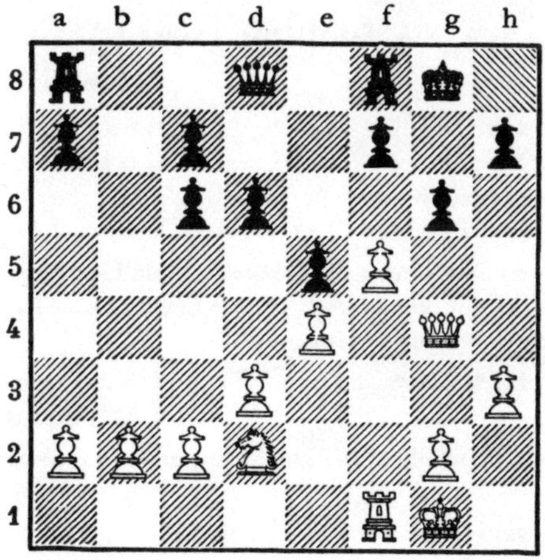

Fig. 20

23. f 5 × g 6	23. f 7 × g 6
24. S g 5 — f 7 +	

Damit wird die Qualität zurückgewonnen.

	24. T g 7 × f 7
25. T f 3 × f 7	25. T g 8 — e 8

Wenn Weiß D f 2 — e 3 spielt (um alsdann nach h 6 zu gehen) muß K h 8 — g 8 folgen, dafür wird Platz gemacht.

26. D f 2 — g 3

Nunmehr war es zwecklos, nach e 3 zu gehen.

26. T e 8 — g 8

Der Turm wäre zur Deckung von g 6 besser nach f 6 gegangen, wie auch die Folge deutlich zeigt. Weiß geht nun auch sofort nach e 3.

27. D g 3 — e 3	27. g 6 — g 5
28. D e 3 — f 3	

Hier gab Schwarz die Partie auf. Wie er auch antworten mag, Matt folgt spätestens in 2 Zügen.

6. Englische Partie

Alapin	Harmonist
1. e 2 — e 4	1. e 7 — e 5
2. S g 1 — f 3	2. S b 8 — c 6
3. c 2 — c 3	3. d 7 — d 5
4. D d 1 — a 4	4. f 7 — f 6

Da durch den Damenzug dem Bauer e 5 die Deckung des Springers entzogen wird, muß er wieder gedeckt werden. Doch kann auch d 5 × e 4 hier gut gespielt werden.

5. L f 1 — b 5	5. S g 8 — e 7
6. e 4 × d 5	6. D d 8 × d 5

Falsch wäre natürlich, mit dem Springer zu nehmen.

7. 0—0	7. L c 8 — e 6

Schwarz bereitet damit 0—0—0 vor und führt seine Absicht auch alsbald aus. Der weitere Plan ist dann, seine Bauern auf dem Königsflügel zum scharfen Angriff gegen die feindliche Königsstellung zu verwenden. Das Unternehmen ist jedoch bei der vorliegenden Stellung sehr gewagt. Natürlich wird auch Weiß die Bauern seines Damenflügels schnellstens mobil machen.

8. d 2 — d 4	8. e 5 × d 4
9. c 3 × d 4	9. 0—0—0
10. S b 1 — c 3	10. D d 5 — f 5

Die Dame stände besser auf h 5. Wird jedoch wohl mit Rücksicht auf den beabsichtigten Bauernangriff nur bis f 5 gezogen.

11. L c 1 — e 3	11. g 7 — g 5
12. T f 1 — c 1	12. h 7 — h 5
13. b 2 — b 4	13. h 5 — h 4
14. S f 3 — e 1	14. g 5 — g 4
15. L b 5 — d 3	15. D f 5 — h 5
16. b 4 — b 5	16. S c 4 — b 8
17. D a 4 × a 7	

Nachdem Weiß seine Streitkräfte richtig geordnet, geht er zum entscheidenden Angriff über. Schwarz hat, mit seinem Angriff beschäftigt, den Zügen des Gegners zu wenig Aufmerksamkeit geschenkt — ein Fehler, vor dem man sich wohl hüten möge — und hat nun keine genügende Verteidigung mehr.

Stellung nach dem 17. Zug der Schwarzen

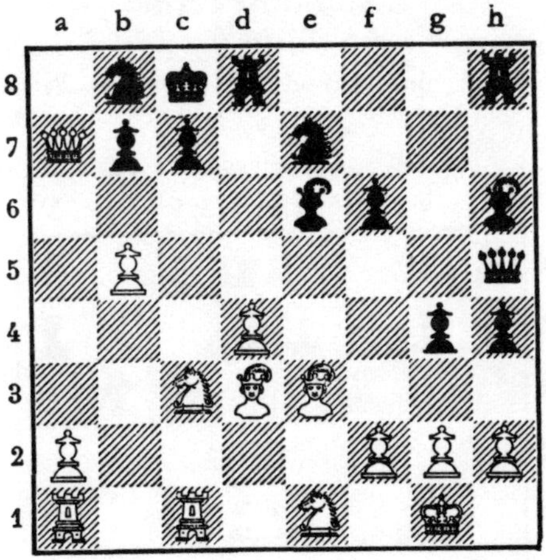

Fig. 21

17. L f 8 — h 6 (s. Fig. 21)

18. S c 3 — a 4

Der Springer droht auf b 6 matt zu setzen. Der Bauer darf den Springer dann nicht schlagen wegen des Turms auf c 1. Die Entgegnung hindert zwar das Matt, kann aber die Partie nicht mehr retten.

	18. T d 8 — d 6
19. S a 4 — b 6 +	19. T d 6 × b 6
20. D a 7 × b 6	20. c 7 — c 6

Um das Matt durch D b 6 × c 7 + zu hindern.

21. b 5 × c 6	21. S e 7 × c 6
22. T a 1 — b 1	

Jetzt geht es zunächst um b 7, den der nächste Zug decken soll.

22. D h 5 — f 7

23. L d 3 — a 6

Hier gab Schwarz die Partie auf. Es war auch keine Rettung mehr möglich.

7. Englische Partie

Tschigorin — Gossip

Bis zum 7. Zuge von Weiß wie in der vorigen Partie.

7. L c 8 — d 7

Stellung nach dem 11. Zug der Weißen

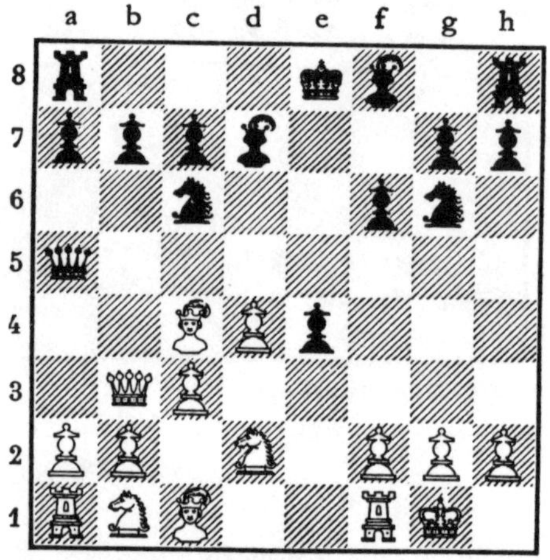

Fig. 22

Der Läufer steht hier besser als auf e 6; denn nun darf auch der Springer c 6 wieder ziehen.

8. d 2 — d 4 — 8. e 5 — e 4

Besser als 0—0—0, wegen des drohenden Angriffs der Bauern des Damenflügels.

9. S f 3 — d 2 — 9. S e 7 — g 6

Schwarz hätte besser sogleich den Bauer e 4 durch f 6 — f 5 gedeckt.

10. L b 5 — c 4	10. D d 5 — a 5
11. D a 4 — b 3 (s. Fig. 22)	11. f 6 — f 5

Bessere Verteidigung bot S c 6 — d 8 mit Aufgabe des Bauers e 4

12. L c 4 — f 7 +	12. K e 8 — e 7

Ein Fehler. Der König mußte nach d 8.

13. S d 2 — c 4

Hienach muß Schwarz entweder seine Dame preisgeben, oder es folgt Matt in zwei Zügen. Mit Aufgabe der Dame ist natürlich die Partie auch verloren.

	13. D a 5 — a 6
14. L c 1 — g 5 +	14. K e 7 × f 7
15. S c 4 — d 6 + + matt	

durch Doppelschach des Springers und der Dame.

8. Königsläufergambit

Anderssen	Kieseritzki
1. e 2 — e 4	1. e 7 — e 5
2. f 2 — f 4	2. e 5 × f 4
3. L f 1 — c 4	3. D d 1 — h 4 +
4. K e 1 — f 1	4. b 7 — b 5

Ein Bauernopfer, um den Angriff in die Hand zu bekommen.

5. L c 4 × b 5	5. S g 8 — f 6
6. S g 1 — f 3	6. D h 4 — h 6
7. d 2 — d 3	7. S f 6 — h 5

Dieser Springerzug geschieht nicht zur Verteidigung von f 4. Dieser Bauer ist ja durch die Dame gedeckt. Schwarz beabsichtigt, den Springer nach g 3 zu führen und so die Qualität zu gewinnen. Auf welche Weise? Warum dürfte h 2 den Springer g 3 nicht nehmen?

8. S f 3 — h 4

Die beste Verteidigung gegen den Plan des Schwarzen. Keinesfalls dürfte K f 1 — f 2 oder g 1 geschehen, weil dann Schwarz mit D h 6 — b 6 + eine Figur, Läufer b 5, erobert hätte.

	8. D h 6 — g 5

Gleichzeitiger Angriff auf S h 4 und L b 5.

9. S h 4 — f 5	9. c 7 — c 6
10. g 2 — g 4	

Gegenangriff als Verteidigung. Damit geht der Angriff überhaupt an Weiß über. Im Interesse dieses weitberechneten, genial durchgeführten Angriffs läßt Weiß im nächsten Zuge den Läufer einstehen.

	10. S h 5 — f 6
11. T h 1 — g 1	11. c 6 × b 5
12. h 2 — h 4	12. D g 5 — g 6
13. h 4 — h 5	13. D g 6 — g 5
14. D d 1 — f 3	

Weiß droht nun mit L c 1 × f 4 die Dame zu erobern. Wollte diese nach h 4 ausweichen, würde sie durch T g 1 — h 1 erobert werden. Es muß ihr daher ein anderer Ausweg eröffnet werden durch

	14. S f 6 — g 8
15. L c 1 × f 4	15. D g 5 — f 6
16. S b 1 — c 3	

Um den angegriffenen Bauer b 2 zu schützen und um nach d 5 geführt zu werden, wonach dann die beiden Springer eine drohende Stellung einnehmen.

	16. L f 8 — c 5
17. S c 3 — d 5	17. D f 6 × b 2 (s. Fig. 23)

Selbst eine so bedeutende Schachgröße wie Meister Kieseritzki hat den folgenden genialen Zug Anderssens nicht vorausgesehen, sonst hätte er sich wohl gehütet, seine Dame vom eigentlichen Schlachtfeld zu entfernen. Weiß läßt T a 1 einstehen und spielt

18. L f 4 — d 6	18. D b 2 × a 1 +

Auf 18. L c 5 × d 6 würde Matt in 4 Zügen folgen durch:

19. S f 5 × d 6 +	19. K e 8 — d 8
20. S d 6 × f 7 +	20. K d 8 — e 8
21. S f 7 — d 6 +	21. K e 8 — d 8
22. D f 3 — f 8 + matt.	

19. K f 1 — e 2	19. L e 5 × g 1

Die Dame darf den Turm nicht nehmen, weil Bauer g 7 gedeckt bleiben muß, um Matt in zwei Zügen durch S f 5 × g 7 +, K e 8 — d 8;

L d 6 — c 7 + matt zu verhindern. — Besser hätte Schwarz wohl D a 1 — b 2 gespielt.

Stellung nach dem 17. Zug der Schwarzen

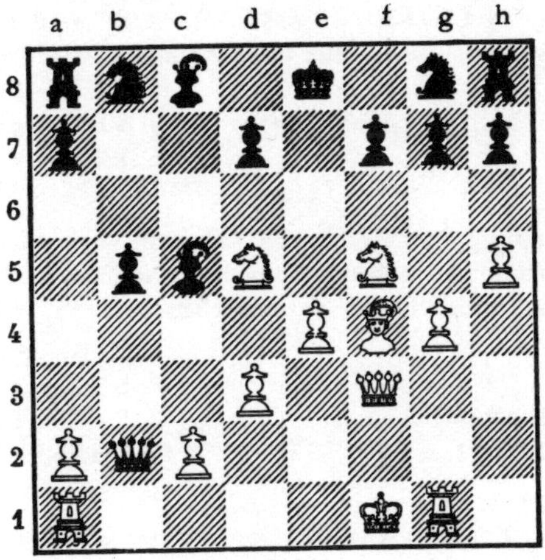

Fig. 23

20. e 4 — e 5

Durch diesen trefflichen Zug wird dem Bauer g 7 nun doch die Dekkung der Dame entzogen, und es droht das erwähnte Matt in zwei Zügen.

20. S b 8 — a 6

Besser wäre wohl gewesen L c 8 — a 6, um dem König Platz zu machen. Nun folgt ein glanzvoller Schluß durch:

21. S f 5 × g 7 +	21. K e 8 — d 8
22. D f 3 — f 6 +	22. S g 8 × f 6
23. L d 6 — e 7 + matt.	

Beachte, wieviel Figuren Weiß geopfert hat. Mit Recht hat man dieser Partie den Namen „Unsterbliche Partie“ beigelegt.

9. Abgelehntes Königsgambit

Fritz	Blackburne
1. e 2 — e 4	1. e 7 — e 5
2. f 2 — f 4	2. L f 8 — c 5
3. S g 1 — f 3	3. d 7 — d 6

4. L f 1 — c 4. Hier konnte auch c 2 — c 3 geschehen.

	4. S g 8 — f 6
5. S d 1 — c 3 (am besten)	5. S b 8 — c 6
6. d 2 — d 3	6. L c 8 — g 4
7. L c 4 — b 5	

Um den Springer zu fesseln. Er soll nicht nach d 4. Schwarz hebt aber die Fesselung im nächsten Zuge auf, und Weiß zieht es vor, den Springer gegen seinen Läufer abzutauschen.

	7. S f 6 — d 7
8. L b 5 × c 6	8. b 7 × c 6
9. h 2 — h 3	9. L g 4 × f 3
10. D d 1 × f 3	10. T a 8 — b 8

Schwarz macht sich den für seinen Turm entstandenen Ausgang sogleich zunutze. Zugleich wird der Damenläufer genötigt, zur Deckung von b 2 an seinem Platze zu bleiben.

11. S c 3 — e 2	11. e 5 × f 4
12. d 3 — d 4	

Um dem die Rochade behindernden Läufer die Linie nach g 1 abzusperren.

	12. L c 5 — b 6
13. L c 1 × f 4	

Weiß gibt hiedurch im Interesse schnellerer Entwicklung den Bauer b 2 preis, der durch die beiden nächsten Züge von Schwarz erobert wird. Bekommt aber ein gutes Angriffsspiel.

	13. L b 6—a 5 +
14. c 2 — c 3	14. T b 8 × b 2
15. 0—0	15. 0—0
16. S e 2 — g 3	16. f 7 — f 6
17. T a 1 — e 1	17. K g 8 — h 8
18. T e 1 — e 3	18. g 7 — g 5

Weiß hat absichtlich für Schwarz die Gelegenheit geboten, durch g 7 — g 5 den Läufer f 4 zu erobern.

19. D f 3 — h 5 (s. Fig. 24)	19. L a 5 — b 6

Es scheint Schwarz zu bedenklich, den Läufer zu nehmen, denn Weiß würde darnach mit 20. T f 1 × f 4, worauf Schwarz zunächst seinen durch die Dame bedrohten Läufer a 5 nach b 5 retten müßte, und 21. T f 4 — h 4 einen starken Angriff bekommen, dessen Folgen sich schwer voraussehen lassen.

Stellung nach dem 19. Zug der Weißen

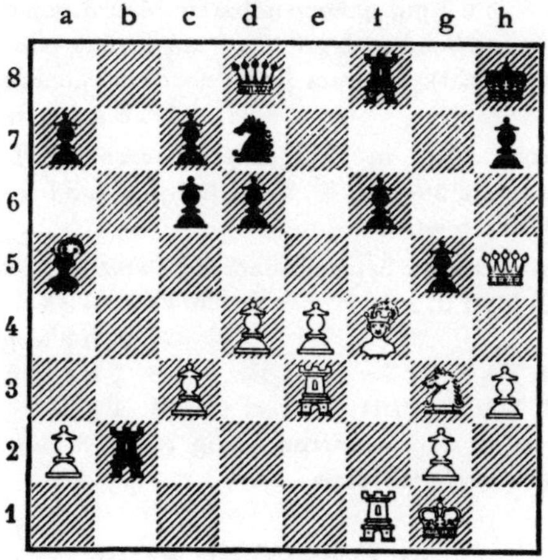

Fig. 24

20. L f 4 × g 5	20. f 6 × g 5
21. T e 3 — f 3	21. T f 8 × f 3
22. T f 1 × f 3	22. S d 7 — e 5

Warum darf der Bauer den Springer nicht nehmen?

23. T f 3 — f 5	23. S e 5 — g 6
24. D h 5 — h 6	24. D d 8 — e 7
25. S g 3 — h 5	25. c 6 — c 5

Dieser unscheinbare Zug ermöglicht es Schwarz, wie die Fortsetzung zeigt, durch eine glänzende Kombination remis zu machen.

26. T f 5 — f 6	26. c 5 × d 4
27. T f 6 — e 6	

Der Turm darf den Springer nicht nehmen, sonst folgt d 4 × c 3 + 28. K g 1 — h 2, c 3 — c 2. Wenn dann 29. T g 6 — e 6, c 2 — c 1 wird Dame und gewinnt.

27. d 4 × c 3 +

Auf D e 7 × e 6 folgt Matt durch D h 6 — g 7 +

28. K g 1 — h 2

Jetzt kann natürlich c 3 — c 2 Schwarz nicht retten; denn darauf würde 29. T e 6 × e 7 mit unabwendbarem Matt durch die Dame, entweder auf g 7 (wenn Schwarz S g 6 × e 7 antwortet), oder auf h 7 (wenn L b 6 — d 4 geschieht). Schwarz findet aber eine geniale Erwiderung.

28. S g 6 — h 4

Damit droht Matt in drei Zügen durch 29. T b 2 × g 2 +, 30. K h 2 — h 1, T g 2 — g 1 +, 31. K h 1 — h 2. S h 4 — f 3 + matt.

29. D h 6 — f 6 +

Die einzige Rettung. Schwarz darf die Dame nicht nehmen, sonst erzwingt Weiß Matt in zwei Zügen durch T e 6 — e 8 +.

	29. K h 8 — g 8
30. T e 6 × e 7	30. T b 2 × g 2 +
31. K h 2 — h 1	31. T g 2 — g 1 +

und Schwarz macht durch dauerndes (sog. *ewiges*) Schach, abwechselnd auf g 2 und g 1 das Spiel remis.

10. Französische Partie

Harmonist	Burn
1. e 2 — e 4	1. e 7 — e 6
2. d 2 — d 4	2. d 7 — d 5
3. S b 1 — c 3	3. S g 8 — f 6
4. L c 1 — g 5	4. L f 8 — e 7
5. e 4 — e 5	5. S f 6 — d 7
6. L g 5 × e 7	6. D d 8 × e 7
7. D d 1 — d 2	7. 0—0
8. S c 3 — d 1	

Falls c 7 — c 5 kommt, soll c 2 — c 3 geantwortet werden.

8. f 7 — f 5

Schwarz hätte den Bauer nur einen Schritt ziehen sollen, um in jedem Falle eine freie Turmlinie zu bekommen, um selbst zu schlagen, falls Weiß nicht schlug.

9. e 5 × f 6

Weiß schlägt nun en passant und verbessert den Fehler von Schwarz zu seinem eigenen Schaden. Schwarz erhält jetzt starken Angriff auf der freien f-Linie.

9. D e 7 × f 6

10. L f 1 — d 3

Besser war hier wohl S d 1 — e 3 mit nachfolgendem S g 1 — f 3 und 0—0—0.

10. e 6 — e 5

Ein starker Zug, und um so wirkungsvoller, als nunmehr nach

11. d 4 × e 5

die weiße Dame infolge des verfehlten Läuferzuges den Bauer d 5 nicht mehr angreift.

11. S d 7 × e 5

12. S g 1 — e 2 12. c 7 — c 5

Stellung nach dem 13. Zug der Weißen

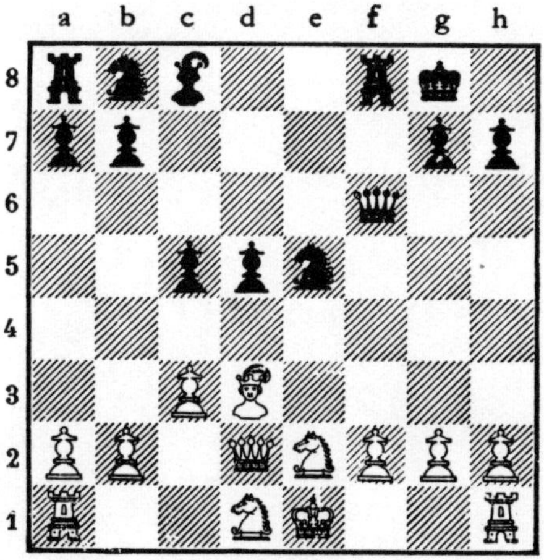

Fig. 25

Um nach c 4 weiter vorrückend den Läufer zu erobern, dem Weiß einen Rückzug öffnen muß. Gleichzeitig zur Unterstützung der Wirksamkeit der nachfolgenden Opferkombination.

13. c 2 — c 3 (s. Fig. 25) 13. L c 8 — h 3

Eine hübsche Opferkombination. Weiß darf nicht nehmen, sonst erobert S e 5 — f 3 + die Dame.

14. K e 1 — f 1

Am besten; denn S e 2 — d 4 ist durch c 7 — c 5 verhindert worden und auf 14. 0—0 würde S e 5 — f 3, 15. g 2 × f 3. D f 6 × f 3 mit Gewinn folgen.

14. L h 3 × g 2 +

15. K f 1 × g 2

Geht der König nach g 1 oder e 1, folgt wieder Verlust der Dame durch S e 5 — f 3.

15. D f 6 — f 3 +

16. K g 2 — g 1 16. D f 3 — g 4 +

17. K g 1 — f 1 17. D g 4 — h 3 +

Verlust der Dame war nun nicht mehr zu vermeiden. Schwarz gab die Partie auf.

Schachaufgaben

Ein besonderer Zweig der Schachspielkunst sind die Schachaufgaben (Schachprobleme). Sie bestehen in kunstvoll komponierten Endspielen und unterscheiden sich von gewöhnlichen Endspielen dadurch, daß das Matt in der angegebenen und *nur* in der angegebenen Zahl von Zügen herbeigeführt werden muß. Die erforderliche Zahl der Züge wird angegeben und schwankt zwischen zwei und fünf. Doch sind Fünfzüger schon sehr selten und auch sehr schwierig. Für die Lösung merke man sich, daß es als unschön gilt, wenn schon im ersten Zuge Schach geboten oder eine Figur geschlagen wird. Solche Züge werden also für gewöhnlich nicht zur Lösung führen. Meist ist der erste Zug ein ganz unscheinbarer. Es ist allgemein üblich, daß Weiß anzieht und mattsetzt.

1. (von G. E. Carpenter)

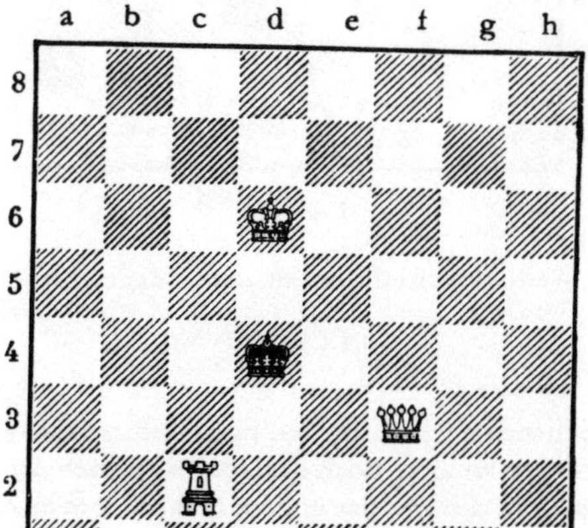

Fig. 26

Weiß zieht und setzt in zwei Zügen matt.

Lösung

1. D f 3 — h 3   1. K d 4 — e 4

Schwarz hat keinen andern Zug.

2. T c 2 — c 4 + matt.

2. (von S. Loyd)

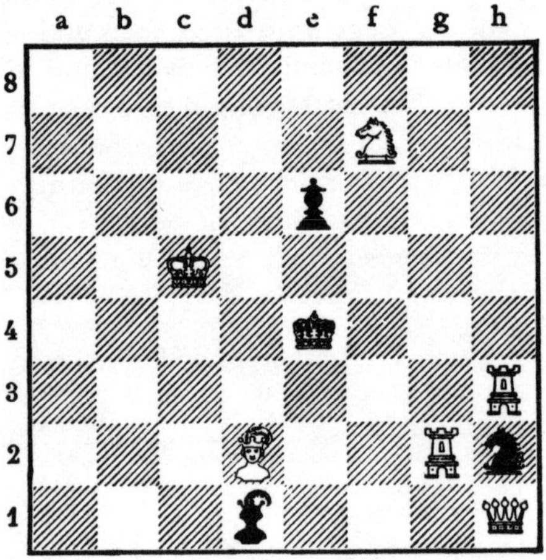

Fig. 27

Weiß zieht und setzt in zwei Zügen matt.

Lösung

1. T h 3 — f 3

Wie nun Schwarz auch antworten mag, immer muß Weiß im nächsten Zug mattsetzen können, doch darf er dies, je nach der Antwort von Schwarz, einmal mit diesem, das andere Mal mit jenem Zuge tun. Der erste Zug von Weiß muß natürlich immer derselbe bleiben.

1. S h 2 × f 3

2. D h 1 — h 7 + matt.

oder:

1.	1. Springer beliebig anders
2. T g 2 — (×) g 4 + matt	

oder:

1.	1. L d 1 × f 3
2. D h 1 — b 1 + matt	

oder:

1.	1. Läufer beliebig anders
2. T g 2 — (×) e 2 + matt	

oder:

1.	1. K e 4 × f 3 (oder e 6—e 5)
2. S f 7 — g 5 + matt.	

Zu einer vollständigen Lösung einer Schachaufgabe gehört die Erledigung aller solcher Möglichkeiten, und wenn sich durch irgendeine davon das Matt im nächsten Zuge als unmöglich erweist, ist die Lösung falsch.

3. (von E. B. Cook)

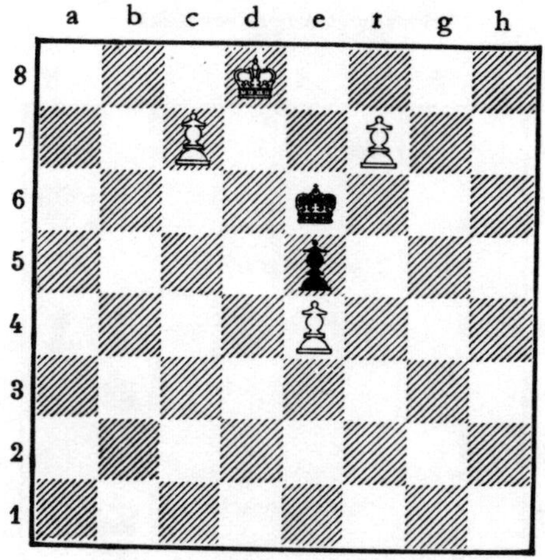

Fig. 28

Weiß zieht und setzt in drei Zügen matt.

Lösung

1. f 7 — f 8 wird T.	1. K e 6 — d 6
2. c 7 — c 8 wird T	2. K d 6 — e 6
3. T c 8 — c 6 + matt.	

4. (von Herlin) (Stellung s. Fig. 29)

Weiß zieht und setzt in drei Zügen matt.

Lösung

1. S f 4 — d 5 1. D c 8 — c 6 (oder b 7)

So nur kann das schon im nächsten Zuge drohende Matt durch S d 5 — e 3 (oder f 6) gehindert werden, indem der Springer gefesselt wird.

2. D h 7 — e 4 + 2. S d 2 × e 4

Es gibt wiederum keine andere Rettung.

3. S d 5 — e 3 + matt.

Stellung zur 4. Aufgabe von Herlin

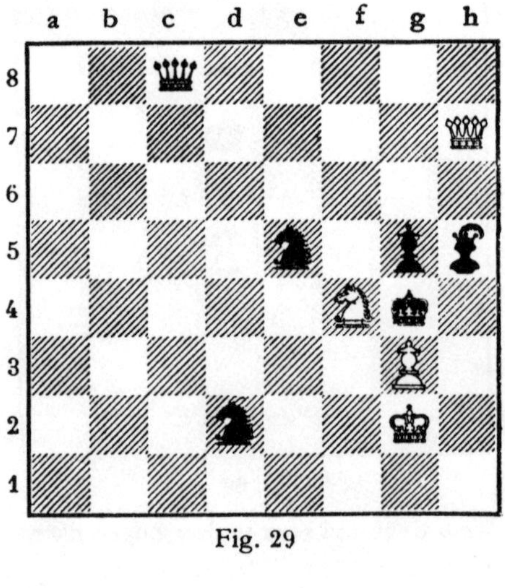

Fig. 29

Lösung

1. L h 6 — c 1 1. b 7 — b 6 (oder b 5)

Schwarz hat keinen andern Zug.

2. b 2 — b 4 (oder b 3)

Letzteres, falls Schwarz bis b 5 gegangen ist; denn der schwarze Bauer darf nur noch einmal ziehen können; damit im dritten Zuge der schwarze König zu ziehen gezwungen ist.

5. (Alt-Indische Aufgabe)

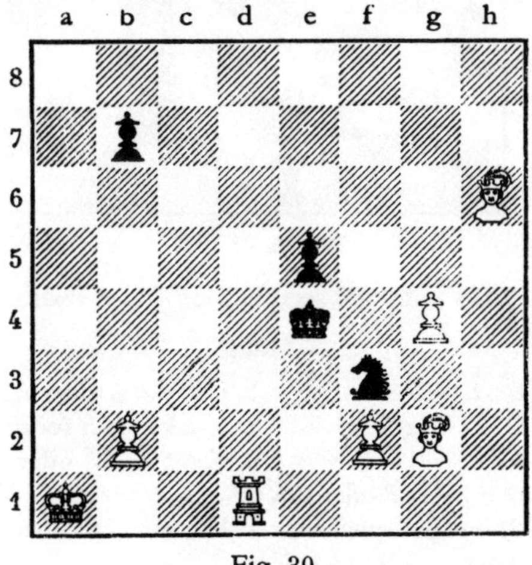

Fig. 30

Weiß zieht und setzt in vier Zügen matt.

2. b 6 — b 5 (oder b 5 — b 4)

3. T d 1 — d 2

Hierdurch wird es dem König ermöglicht zu ziehen, und zugleich wird er gezwungen, nach f 4 zu gehen, worauf das Doppelschach im vierten Zuge Matt erzwingt.

3. K e 4 — f 4

4. T d 2 — d 4 + + matt.

6. (O. Fuß)

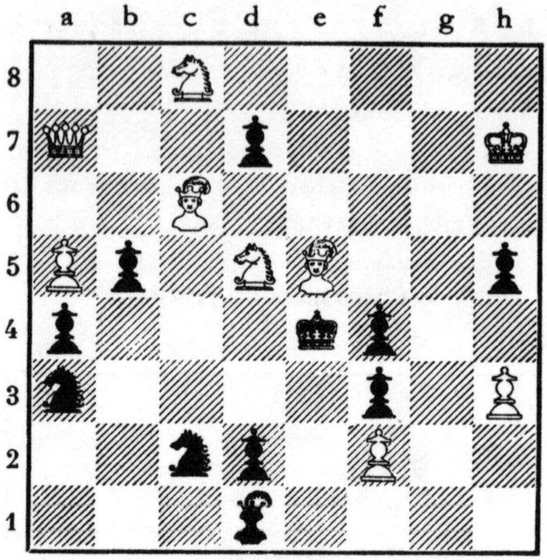

Fig. 31

Weiß zieht und setzt in vier Zügen matt.

Lösung

1. L e 5 — h 8	1. d 7 × c 6 (oder A, B, C)
2. D a 7 — g 7	2. K e 4 × d 5 (oder a, b, c, d, e)
3. S c 8 — b 6 +	3. K d 5 — c 5 oder d 6, e 6, e 4
4. D g 7 — f 8 oder e 5, g 6, f 6 + matt.	

Die verschiedenen Damenzüge haben zu geschehen je nach dem 3. Zuge des Königs.

a.

	2. c 6 — c 5
3. D g 7 — g 6 +	3. K e 4 × d 5
4. S c 8 — b 6 + matt	

Falls im 2. Zuge c 6 × d 5, so ist schon im 3. Zuge Matt.

b.

	2. K e 4 — d 3
3. S d 5 × f 4 +	3. K d 3 — c 4 oder e 4
4. D g 7 — c 3 oder e 5 + matt	

c.

	2. S a 3 — c 4
3. S d 5 — c 3 +	3. K e 4 — d 3 oder f 5
4. D g 7 — g 6 + matt	

d.

	2. S c 2 beliebig
3. D g 7 — d 4 +	3. K e 4 — f 5
4. D d 4 — e 5 + matt	

e.

	2. Beliebig anders.
3. S c 8 — d 6 +	3. K e 4 — d 3 oder × d 5
4. S d 5 × f 4 oder D g 7 — e 5 + matt	

A.

	1. K e 4 — d 3
2. S d 5 × f 4 +	2. K d 3 — c 4
3. L c 6 — d 5 +	3. K c 4 — b 4
4. S f 4 — d 3 + matt	

Bei allen andern Gegenzügen von Schwarz folgt Matt schon in *drei* Zügen.

B.

	1. K e 4 — f 5
2. D a 7 × d 7 +	2. K f 5 — g 5 oder e 4
3. L h 8 — f 6 oder S d 5 — c 3 + matt	

C.

	1. Beliebig anders
2. D a 7 × d 7	2. Beliebig
3. S d 5 — c 3 + matt.	

Selbstmatt

Eine besonders schwierige Art von Schachaufgaben sind die *Selbstmatte.* Hierbei hat Weiß nicht die Aufgabe, Schwarz matt zu setzen, sondern im Gegenteil ihn zu zwingen, daß er in einer bestimmten Anzahl von Zügen Weiß mattsetze.

7. (T. M. Brown)

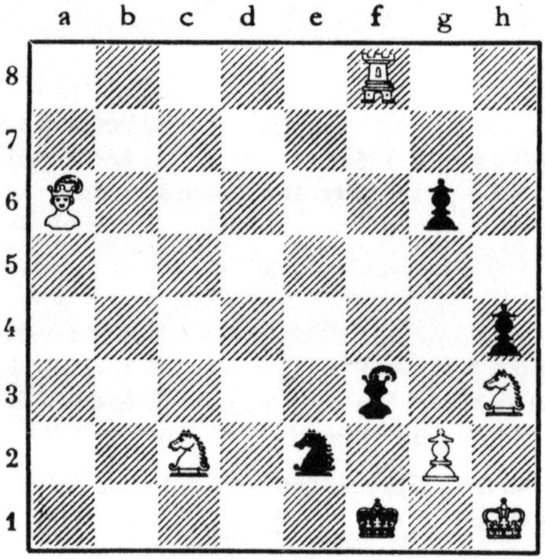

Fig. 32

Selbstmatt in zwei Zügen.

Lösung

1. K h 1 — h 2	1. g 6 — g 5
2. g 2 — g 4	2. h 4 × (en passant) g 3 + matt

Bedingungsaufgabe

Zu den Schachaufgaben gehören ferner die *Bedingungsaufgaben.* Bei diesen wird verlangt, daß das Matt mit einem *bestimmten Stein* und meist auch in bestimmter Anzahl von Zügen gegeben werde. Auch andere Bedingungen können eingefügt werden. Eine in weiteren Schachkreisen bekannte Kuriosität ist das nachstehende

Spießrutenspiel des Marschalls von Sachsen

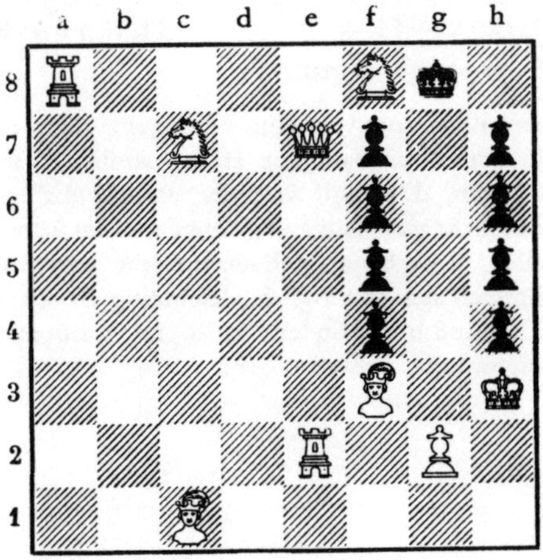

Fig. 33

Weiß soll mit dem Bauer g 2 mattsetzen,
ohne einen Bauer zu schlagen.

Lösung

1. S f 8 — d 7 +	1. K g 8 — g 7
2. T a 8 — f 8	2. K g 7 — g 6

3. S c 7 — e 6	3. f 7 × e 6
4. D e 7 — f 7 +	4. K g 6 — g 5
5. S d 7 — e 5	5. f 6 × e 5
6. L f 3 — e 4	6. f 5 × e 4
7. L c 1 — e 3	7. f 4 × e 3
8. D f 7 — e 7 +	8. K g 5 — g 6
9. K h 3 — h 2	9. h 4 — h 3
10. g 2 — g 3	10. h 5 — h 4
11. g 3 — g 4	11. h 6 — h 5
12. g 4 — g 5	12. h 7 — h 6
13. D e 7 — f 6 +	13. K g 6 — h 7
14. g 5 — g 6 + matt.	

Bei diesem „Kuriosum" ist eine Bedingung nicht erfüllt, die man sonst an jede gute Schachaufgabe stellt, nämlich: die Stellung soll „partiegemäß" sein, d. h. soll von der ursprünglichen Stellung der Figuren aus durch *mögliche* Züge abgeleitet werden können. Hier aber ist es unmöglich, die schwarzen Bauern in die gegebene Stellung zu bringen. Es können sich unmöglich gleichzeitig Bauern auf f 7 und f 6 und auch auf h 4 und h 5 befinden. Es ist eine, wenn auch mit großem Scharfsinn kombinierte, Scherzaufgabe.